BEI GRIN MACHT SICH IHR WISSEN BEZAHLT

Bibliografische Information der Deutschen Nationalbibliothek:

Die Deutsche Bibliothek verzeichnet diese Publikation in der Deutschen National-
bibliografie; detaillierte bibliografische Daten sind im Internet über http://dnb.d-
nb.de/ abrufbar.

Impressum:

Copyright © 2014 GRIN Verlag, Open Publishing GmbH
Druck und Bindung: Books on Demand GmbH, Norderstedt Germany
ISBN: 9783668251779

Dieses Buch bei GRIN:

http://www.grin.com/de/e-book/335232/untersuchung-kristalliner-photovoltaikmo-
dule-bezueglich-ihrer-recyclierbarkeit

Linda Denzner

Aus der Reihe: e-fellows.net stipendiaten-wissen

e-fellows.net (Hrsg.)

Band 1937

Untersuchung kristalliner Photovoltaikmodule bezüglich ihrer Recyclierbarkeit

GRIN Verlag

GRIN - Your knowledge has value

Der GRIN Verlag publiziert seit 1998 wissenschaftliche Arbeiten von Studenten, Hochschullehrern und anderen Akademikern als eBook und gedrucktes Buch. Die Verlagswebsite www.grin.com ist die ideale Plattform zur Veröffentlichung von Hausarbeiten, Abschlussarbeiten, wissenschaftlichen Aufsätzen, Dissertationen und Fachbüchern.

Besuchen Sie uns im Internet:

http://www.grin.com/

http://www.facebook.com/grincom

http://www.twitter.com/grin_com

Untersuchung kristalliner Photovoltaikmodule bezüglich ihrer Recyclierbarkeit

Bachelorarbeit

Universität Augsburg

Mathematisch-Naturwissenschaftliche Fakultät

Lehrstuhl für Production & Supply Chain Management

Zur Erlangung des akademischen Grades „Bachelor of Science"

eingereicht von

Linda Denzner

Studiengang: B. Sc. Wirtschaftsingenieurwesen

Spezialisierungsbereich: Materials Resource Management

Ort: Augsburg

Bearbeitungszeitraum: 07.07.2014 - 07.10.2014

Ich möchte mich zunächst bei den Firmen Cirrus-Solar GmbH (86167 Augsburg), MAK Solar GmbH & Co. KG (86391 Stadtbergen) und Elektro Schmidt Elektroanlagen (86152 Augsburg) für die Bereitstellung von nicht mehr funktionsfähigen kristallinen Solarmodulen bedanken. Ohne diese Module wäre der empirische Teil dieser Arbeit nicht möglich gewesen.

Weiterhin möchte ich mich bei der Feinmechanischen Werkstatt der Universität Augsburg, Institut für Physik, Gebäude Nord für die freundliche Unterstützung bei der Zerlegung der Solarmodule bedanken sowie bei den Mitarbeitern des Lehrstuhls für Festkörperchemie, Universität Augsburg, Institut für Physik, Gebäude Nord für die Hilfe bei der Bestimmung von Gewicht und Dichte des Solarglases.

Zum Schluss gilt mein Dank den Herren Dr. Volker Zepf, Dr. Timo Körner, Alexander Hartwig und Christoph Kolotzek für die freundliche Unterstützung bei der EDX-Analyse und insbesondere meinem Betreuer Herrn Martin Dirr für die Bereitstellung dieser interessanten Fragestellung und die wertvollen Hinweise während der Anfertigung der Arbeit.

DANKE

Abstract

In this work, the recycling potential of crystalline silicon photovoltaic modules is being discussed. Photovoltaics is a so-called green energy technology and extremely important for the aspired energy revolution in Germany. In addition to a detailed literature review, the general objective of this work is the awareness of the moment of failure, the amount and the material quantity of end of life modules, which will be available for recycling in the nearest future. The focus is on the material composition, degradation and recycling potential of crystalline silicon solar modules. Photovoltaic modules are made from the following components, in order of mass: glass, aluminium frame, EVA, photovoltaic cells, Tedlar® and installation box. Crystalline silicon photovoltaic modules also contain high value materials such as silver. In this research, it is shown how these materials can be recovered. Therefore, this research is build upon both an analysis of existing literature numerical values and an empiric analysis with two disused solar modules. The results of the empiric analysis agree as far as possible with the numerical values from literature. However, it is noteworthy, that silver in this research is merely available in the contact fingers of the solar cells instead of the entire solar cell metallisation. Due to the great amounts of installed capacity, the amount of silver linked to the modules is not to be disregarded, which is for this reason worth an economical recycling. Solar modules do not obtain an exact ageing-out, but suffer from a linear degradation over their lifetime. The implementation of an efficient recycling process in the context of a so-called closed-loop supply chain management is very important due to great material quantities and numerous of returning end of life moduls after 25 and more years of lifetime. Altogether, photovoltaics can be considered to provide a great recycling potential in the upcoming years.

Inhaltsverzeichnis

Abstract 1

Abbildungsverzeichnis 3

Tabellenverzeichnis 4

Abkürzungsverzeichnis 5

1   Einleitung 7

2   Forschungsgegenstand 9

    2.1   Hintergrund und Motivation 9

    2.2   Legitimation der Problemstellung 11

3   Literaturanalyse 15

    3.1   Vorgehensweise 15

    3.2   Ergebnisse 16

4   Materialzusammensetzung kristalliner Photovoltaikmodule 19

    4.1   Stand der Forschung 19

    4.2   Empirie 35

    4.3   Zusammenfassung 53

5   Degradation kristalliner Photovoltaikmodule 55

    5.1   Stand der Forschung 55

    5.2   Implikationen für die Forschungsfrage 57

6   Recyclingpotenzial kristalliner Photovoltaikmodule 58

7   Schlussfolgerungen 62

8   Ausblick 65

Literaturverzeichnis 67

Anhang 72

Abbildungsverzeichnis

Abbildung 1: Entwicklung der globalen Photovoltaik-Produktion (1990 – 2010) 10

Abbildung 2: Einteilung der Photovoltaik-Technologien 11

Abbildung 3: Marktanteile der Photovoltaik-Technologien (2006) 12

Abbildung 4: Materialieneinsatz in der Energieindustrie 13

Abbildung 5: Zukünftiges Abfallaufkommen in Abhängigkeit der Produktionsmengen (1998 –
2038) 14

Abbildung 6: Prozess der Literatursuche 15

Abbildung 7: Aufbau kristalliner Photovoltaikmodule 19

Abbildung 8: Exemplarischer Aufbau einer kristallinen Photovoltaikzelle 21

Abbildung 9: Exemplarische Metallisierung einer Solarzelle 23

Abbildung 10: Produktionsmix für Silizium in der Photovoltaik-Industrie 29

Abbildung 11: Materialmengen im Vergleich (Literatur) 35

Abbildung 12: Prinzip der energiedispersiven Röntgenspektroskopie 39

Abbildung 13: Darstellung der Elektronenübergänge 40

Abbildung 14: Linienspektrum Glas Modul 1 42

Abbildung 15: Linienspektrum Rahmen Modul 1 45

Abbildung 16: Linienspektrum Silizium Modul 2 47

Abbildung 17: Linienspektrum Kontaktfinger Modul 1 50

Abbildung 18: Linienspektrum Kontaktfinger Modul 2 50

Abbildung 19: Materialmengen im Vergleich (Literatur + Empirie) 53

Abbildung 20: Hotspots (Modul 2) 56

Abbildung 21: Wahrscheinlichkeitsverteilung für die Lebensdauer von Photovoltaikmodulen 57

Abbildung 22: Lebenszyklus eines Photovoltaikmoduls 58

Abbildung 23: Recyclingprozess für Photovoltaikmodule (Radziemska et al.) 59

Abbildung 24: Recyclingprozess für Photovoltaikmodule (Müller et al.) 60

Abbildung 25: Closed-Loop Supply Chain 63

Tabellenverzeichnis

Tabelle 1: Literaturanalyse (exemplarisch) 17

Tabelle 2: Chemische Zusammensetzung des Kalknatronglases 20

Tabelle 3: Materialmengen (Glas) 26

Tabelle 4: Materialmengen (Aluminium) 27

Tabelle 5: Materialmengen (Silizium) 29

Tabelle 6: Materialmengen (Silber) 31

Tabelle 7: Materialmengen (Weitere Modulbestandteile) 33

Tabelle 8: Allgemeine Modulinformationen (empirische Untersuchungen) 37

Tabelle 9: Darstellung der Proben 38

Tabelle 10: Quantitatives Ergebnis der EDX-Analyse (Glas Modul 1) 41

Tabelle 11: Ergebnisse der Dichtebestimmung für Glas 42

Tabelle 12: Volumenbestimmung der Glasfront 43

Tabelle 13: Massenbestimmung der Glasfront 43

Tabelle 14: Bestimmung des prozentualen Gewichtanteils sowie der Materialmenge von Glas.... 44

Tabelle 15: Quantitatives Ergebnis der EDX-Analyse (Rahmen Modul 1)... 44

Tabelle 16: Bestimmung des prozentualen Gewichtsanteils sowie der Materialmenge des Al-Rahmens 45

Tabelle 17: Quantitatives Ergebnis der EDX-Analyse (Wafer Modul 2) 46

Tabelle 18: Ergebnis der Bestimmung der Zellflächen 47

Tabelle 19: Zellstärken 48

Tabelle 20: Zellvolumen 48

Tabelle 21: Zellgewicht 48

Tabelle 22: Zellgewicht pro Modul 49

Tabelle 23: Bestimmung des prozentualen Gewichtanteils sowie der Materialmenge von Silizium 49

Tabelle 24: Fläche Kontaktfinger 51

Tabelle 25: Volumen Kontaktfinger 51

Tabelle 26: Gewicht Silber pro Modul 52

Tabelle 27: Bestimmung des prozentualen Gewichtanteils sowie der Materialmenge von Silber . 52

Tabelle 28: Zusammenfassung der empirischen Untersuchung 53

Abkürzungsverzeichnis

Ag	Silber
Al	Aluminium
Al_2O_3	Aluminiumoxid
a-Si	Amorphes Silizium
Ca	Calcium
CaO	Calciumoxid
Cd	Cadmium
CdTe	Cadmium-Tellurid
CIS	Kupfer-Indium-Diselenid
CLSCM	Closed-Loop Supply Chain Management
cm	Zentimeter
c-Si	Kristallines Silizium
Cu	Kupfer
EDX	Energiedispersive Röntgenspektroskopie (englisch: energy dispersive X-ray spectroscopy)
EG-Si	Electronic grade silicon
EEG	Erneuerbare-Energien-Gesetz
EOL	End-of-life
EVA	Ethylenvinylacetat
Fe	Eisen
Fe_2O_3	Eisenoxid
g	Gramm
GW	Gigawatt (10^9 Watt)
HNO_3	Salptersäure
In	Indium
ITO	Indium-Zinn-Oxid
keV	Kiloelektronenvolt
kg	Kilogramm
K_2O	Kaliumoxid
KOH	Kaliumhydroxid
kW	Kilowatt
kWh	Kilowattstunde

kW$_p$	Kilowatt Peak
m	Meter
mm	Millimeter
µm	Mikrometer (10^{-6} Meter)
mc-Si	Multikristallin (englisch: multicrystalline/ polycrystalline)
mg	Milligramm
MgO	Magnesiumoxid
MG-Si	Metallurgical silicon
MW	Megawatt (10^6 Watt)
Na$_2$O	Natriumoxid
Ni	Nickel
PE	Polyethylen
PV	Photovoltaik
PVF	Polyvinylfluorid
REE	Rare Earth Elements (deutsch: Seltene Erdelemente)
Rh	Rhodium
RoHS	Restriction of Hazardous Substances Directive
sc-Si	Monokristallin (englisch: singlecrystalline/ monocrystalline)
Si	Silizium (englisch: silicon)
SiO$_2$	Siliziumdioxid
SoG-Si	Solar grade silicon
STC	Standard Test Conditions
t	Tonne
TiO$_2$	Titandioxid
V	Volumen
VA	Vinylacetat
W	Watt
WEEE	Waste Electrical and Electronic Equipment Directive
Zn	Zink
Zr	Zirkonium

1 Einleitung

Bei der Photovoltaik (PV) wird Sonnenlicht in elektrische Energie umgewandelt. Die natürlich vorhandene Sonnenkraft wird somit auf umweltfreundliche Weise zur direkten Stromerzeugung genutzt. Vor allem im Vergleich zu den endlichen fossilen und nuklearen Brennstoffen ist die Photovoltaik aufgrund der direkten Stromerzeugung klar zu favorisieren. Durch die Nutzung von nachhaltigen und energieeffizienten Photovoltaikanlagen geht zudem die Vermeidung von CO_2-Emissionen einher, da bei der Stromerzeugung kein CO_2-Gas freigesetzt wird. Im Rahmen der angestrebten Energiewende wird der Photovoltaik eine besondere Aufmerksamkeit zuteil. Dieses zukunftsfähige Energiesystem ist somit für die aktuelle und künftige Forschung von größtem Interesse.

Die Photovoltaik lässt sich zunächst allgemein in drei Generationen unterteilen. Zur sogenannten ersten Generation gehören die Technologien basierend auf Siliziumwafer[1] wie beispielsweise kristalline Silizium-Solarzellen (c-Si). Dünnschichttechnologien stellen die zweite Generation dar. Zu ihnen gehört unter anderem die Cadmium-Tellurid (CdTe) Zelle. Die dritte Generation beruht auf zukünftigen Technologien mit neuen Konzepten und neuen Materialien, die teilweise noch nicht kommerziell erhältlich sind. Ein Beispiel hierfür sind Organische Solarzellen (van Sark, 2012, S. 5). Eine detailliertere Unterteilung der Photovoltaiktechnologien erfolgt in Kapitel 2. Im Rahmen dieser Arbeit liegt der Fokus auf den kristallinen Photovoltaikmodulen. Dies soll ebenfalls in Kapitel 2 näher motiviert werden.

Die generelle Zielsetzung dieser Arbeit ist die Erkenntnis darüber, zu welchem Zeitpunkt wie viele Module mit welchen Materialmengen für das Recycling bereitstehen. Das vorrangige Ziel ist somit die Vergegenwärtigung der Materialmengen, die künftig für das Recycling von Photovoltaikmodulen in Frage kommen sowie die Darstellung der Nutzungsdauer sowie möglicher Ursachen für einen vorzeitigen Ausfall von Photovoltaikmodulen. Die Photovoltaik soll demgemäß im Hinblick auf ihr Recyclingpotenzial untersucht werden. Folgende Gesichtspunkte werden hierzu schwerpunktmäßig betrachtet:

- Materialzusammensetzung kristalliner Photovoltaikmodule
- Degradation kristalliner Photovoltaikmodule
- Recyclingpotenzial kristalliner Photovoltaikmodule

---

[1] Wafer: englisch für „Halbleiterscheibe"

Bezüglich der Problemstellung der vorliegenden Arbeit erfolgt zum einen eine theoretische Betrachtung der vorhandenen Literatur und zum anderen eine empirische Untersuchung an Photovoltaikmodulen um die aus der Literatur gewonnenen Erkenntnisse zu beurteilen und gegebenenfalls zu vervollständigen.

Zunächst erfolgt eine Einordung der Fragestellung in das gegenwärtige Forschungsfeld. Dabei soll die Relevanz des spezifischen Forschungsschwerpunktes innerhalb der Forschungsdiskussion anschlussfähig gemacht werden. Daraufhin erfolgt eine gründliche Beschreibung der Literaturrecherche sowie der daraus resultierenden Erkenntnisse. Im Anschluss soll die Materialzusammensetzung kristalliner Photovoltaikmodule untersucht werden. Hierzu wird zunächst der Stand der Forschung erläutert und im weiteren Verlauf durch die empirischen Untersuchungen an zwei unterschiedlichen Solarmodulen überprüft. Des Weiteren erfolgt die Darstellung des aktuellen Forschungsstandes bezüglich der Degradation von kristallinen Photovoltaikmodulen sowie der sich daraus ergebenden Implikationen im Hinblick auf die Forschungsfrage. Im weiteren Verlauf der Arbeit soll ferner das Recyclingpotenzial kristalliner Module näher beleuchtet werden. Abschließend erfolgen sowohl eine Diskussion der gewonnenen Erkenntnisse als auch ein kurzes Fazit. Die Arbeit wird schlussendlich mit einem Ausblick auf zukünftiges Forschungspotenzial abgerundet.

2 Forschungsgegenstand

Im Folgenden soll die Relevanz der Problemstellung legitimiert und in das gegenwärtige Forschungsfeld eingeordnet werden.

2.1 Hintergrund und Motivation

Die Stromerzeugung mittels Photovoltaik beruht auf der Entdeckung des sogenannten Photoeffekts durch Edmund Becquerel im Jahr 1839 (Jungbluth et al., 2009, S. 2). Eine Photovoltaikzelle, auch Solarzelle genannt, besteht aus einem Halbleitermaterial, welches einfallendes Licht in elektrischen Strom umwandelt. Im Zuge der ersten Generation wird als Halbleitermaterial für die Solarzelle der Elementhalbleiter Silizium (Si) verwendet. Beim Auftreffen von Sonnenstrahlen mit einer bestimmten Wellenlänge auf die Solarzelle werden Elektronen ausgelöst und durch deren Fluss im Material ein elektrischer Gleichstrom erzeugt (Fthenakis & Kim, 2010, S. 1609). Der enorme Vorteil der Stromerzeugung mittels Photovoltaik liegt in der direkten Umwandlung von unbegrenzt vorhandenem Sonnenlicht in nutzbare elektrische Energie. Weitere Vorzüge liegen unter anderem bei den flexiblen Anwendungsmöglichkeiten. Diese reichen von Uhren über Taschenrechner bis hin zum großflächigen Solarpark. Zudem ist die Photovoltaik während dem Betrieb frei von Emissionen und störenden Geräuschen (Jungbluth et al., 2009, S. 3).

Auch in Politik und Medien ist diese umweltfreundliche Art der Stromerzeugung in den letzten Jahren stets präsent. Deutschland hat dabei eine klare Vorreiterrolle, da die Installationen von Solaranlagen unter anderem durch das 100.000-Dächerprogramm[1] und das Erneuerbare-Energien-Gesetzt (EEG)[2] seit der Jahrtausendwende starken Fördermaßnahmen unterliegen, welche für eine erhebliche Zunahme an Neuinstallationen verantwortlich sind (Sander et al., 2007, S. 14). In Abbildung 1 ist zu erkennen, dass die Photovoltaik-Produktion seit dem Jahr 1990 kontinuierlich angestiegen ist. Besonders seit der Jahrtausendwende ist ein starker Zuwachs festzustellen. Wurden im Jahr 2000 nach Kazmerski (2012, S. 14) noch 288 MW produziert, so war die Produktion im Jahr 2002 bereits beinahe doppelt so hoch. Im Jahr 2010 lag die weltweite Gesamtproduktion bei 23898 MW.

---

[1] Das 100.000-Dächerporgramm ist ein 1999 *„von der Bundesregierung aufgelegte[s] Programm zur Förderung von Photovoltaikanlagen [...]"* (Bundesministerum für Umwelt, Naturschutz, Bau und Reaktorsicherheit, 2003).

[2] Das EEG ist ein Instrument zur Förderung des Ökostroms und trat im Jahr 2000 in Kraft. *„Ziel des EEG war es, den jungen Technologien wie Wind- und Sonnenenergie durch feste Vergütungen sowie durch die garantierte Abnahme und die vorrangige Einspeisung des Stroms den Markteintritt zu ermöglichen"* (Bundesministerium für Wirtschaft und Energie, 2014).

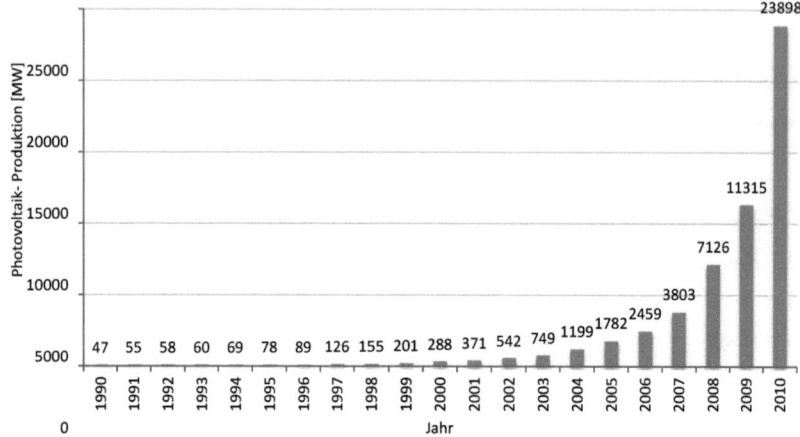

Abbildung 1: Entwicklung der globalen Photovoltaik-Produktion (1990 – 2010)

Quelle: Eigene Darstellung nach Kazmerski (2012, S. 14)

Nach Green (2012, S. 146) ist der Photovoltaikmarkt in den letzten 15 Jahren um 45 % pro Jahr gewachsen. Choi und Fthenakis (2010a, S. 8678) berichten für die letzten zehn Jahre von einem jährlichen Wachstum von mehr als 40 %.

Im Jahr 2013 waren weltweit kumuliert 138,9 GW an Photovoltaik-Kapazitäten installiert. Europa hat dabei einen Anteil von kumuliert 81,5 GW. Den stärksten Markt innerhalb Europas stellt Deutschland mit 3,3 GW an neu installierten Kapazitäten allein im Jahr 2013 dar (EPIA, 2014, S. 9). Aufgrund des ständig neuen Zubaus und der großen Menge an kumuliert installierten PV-Anlagen hat neben der Entwicklung neuerer, effizienterer und vor allem günstigerer Technologien auch das künftige Recyclingpotenzial von Solarmodulen im Rahmen der Kreislaufwirtschaft[1] das öffentliche Interesse geweckt. An diese Problemstellung soll auch die vorliegende Arbeit anknüpfen und so ihren Beitrag zur aktuellen Forschung leisten. Ziel der Arbeit ist eine Untersuchung der kristallinen Photovoltaik-Technologie bezüglich ihrer Recyclierbarkeit.

---

[1] *„Die Kreislaufwirtschaft erfüllt mit der Sammlung, Sortierung und stofflichen bzw. energetischen Verwertung der Stoffströme eine wichtige ökologische Funktion und leistet zugleich einen wichtigen Beitrag zur Rohstoffversorgung der Wirtschaft"* (Bundesministerium für Wirtschaft und Energie, 2014).

2.2 Legitimation der Problemstellung

Wie bereits in Kapitel 2.1 näher motiviert, liegt die Relevanz der Frage nach den Materialanteilen und dem Zeitpunkt des Ausfalls von Photovoltaikmodulen im Hinblick auf das zukünftige Recyclingpotential in der hohen Anzahl an installierten Kapazitäten. Im Rahmen dieser Arbeit gilt es somit zu klären, zu welchem Zeitpunkt welche Materialmengen künftig zum Recycling zur Verfügung stehen werden.

Für die vorliegende Arbeit wird die in Abbildung 2 dargestellte Einteilung der Photovoltaik nach ihren Technologien verwendet:

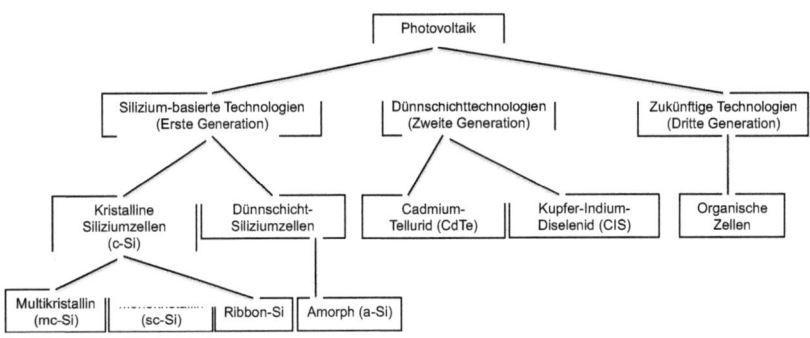

Abbildung 2: Einteilung der Photovoltaik-Technologien

Quelle: Eigene Darstellung nach Wade (2012, S. 4), vereinfacht und ergänzt nach Green (2014, S. 66) und Raugei et al. (2007, S. 3)

Die Silizium-basierten Technologien der ersten Generation lassen sich unterteilen in dickschichtige kristalline Siliziumzellen (c-Si) und Dünnschicht-Siliziumzellen. Zu den kristallinen Zellen gehören die multikristallinen (mc-Si), monokristallinen (sc-Si) und ribbon-Si[1] Zellen. Zu den auf Silizium basierenden Dünnschichtzellen zählt beispielsweise das amorphe Silizium (a-Si). Die zweite Generation kann unter anderem in die auf Dünnschichttechnologien basierenden Zellen Cadmium-Tellurid (CdTe) und Kupfer-Indium-Diselenid (CIS) unterteilt werden. Zu den zukünftigen Technologien der dritten Generation zählen beispielsweise die organischen Photovoltaikzellen (Wade, 2012, S. 14).

Für die folgende Arbeit sind vor allem die kristallinen Photovoltaikmodule der ersten Generation interessant. Sie machen, wie in Abbildung 3 exemplarisch für das Jahr 2006 zu sehen, den Großteil

---

[1] Ribbon-Si: englisch für „Siliziumband"

am Markt aus. Gegenwärtig haben die Silizium-basierten Module einen Anteil von circa 86 %. Der Anteil der Dünnschichttechnologien beträgt demnach in etwa 14 % (Fraunhofer ISE, 2013, S. 4). Der Fokus dieser Arbeit liegt insbesondere auf den sc-Si und mc-Si Technologien, da der Anteil der ribbon-Si Technologie am gesamten Marktanteil der kristallinen Dickschicht-Photovoltaik als vernachlässigbar klein anzusehen ist.

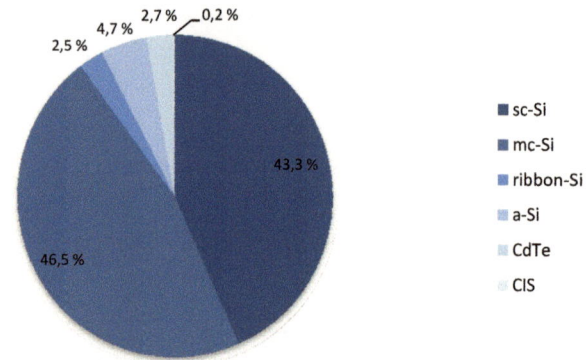

Abbildung 3: Marktanteile der Photovoltaik-Technologien (2006)

Quelle: Eigene Darstellung nach EPIA (2007), zitiert nach Müller et al. (2007, S. 1)

Die Verwendung von Silizium als Halbleitermaterial für c-Si Zellen hat einen entscheidenden Vorteil beispielsweise gegenüber der Verwendung von Cadmium bei CdTe-Zellen, da das Silizium in großen Mengen in der Erdkruste verfügbar ist und im Gegensatz zu Cadmium keine Toxizität aufweist.

Erneuerbare Energien im Allgemeinen sind häufig auf die Verwendung wertvoller Materialien wie beispielsweise der sogenannten Gewürz[1]- oder Technologiemetalle[2] angewiesen. In Abbildung 4 ist dieser Entwicklungstrend grafisch dargestellt. Neben den Seltenen Erdelementen[3] (REE) kommen beispielsweise auch Silber (Ag), Indium (In) und Cadmium (Cd) zum Einsatz. Im Falle der c-Si Photovoltaik wird häufig Silber aufgrund seiner hervorragenden elektrischen Leitfähigkeit einge-

---

[1] Gewürzmetalle sind Metalle, die aufgrund ihrer spezifischen Eigenschaften und Funktionsweisen in einigen Technologien lediglich in geringen Mengen essentiell sind, ähnlich wie Gewürze in einer Mahlzeit (Reller et al., 2009, S. 131).
[2] Technologiemetalle (Sondermetalle und Seltene Erden) werden aufgrund ihrer besonderen magnetischen, elektrischen und mechanischen Eigenschaften in modernen Technologien eingesetzt (Tradium GmbH, 2012).
[3] Englisch: „rare earth elements" (REE)

setzt. In Kapitel 4 gilt es unter anderem zu klären, welche Mengen an Silber in den Modulen verbaut werden und wie diese sich im Hinblick auf ihre Recyclierbarkeit verhalten.

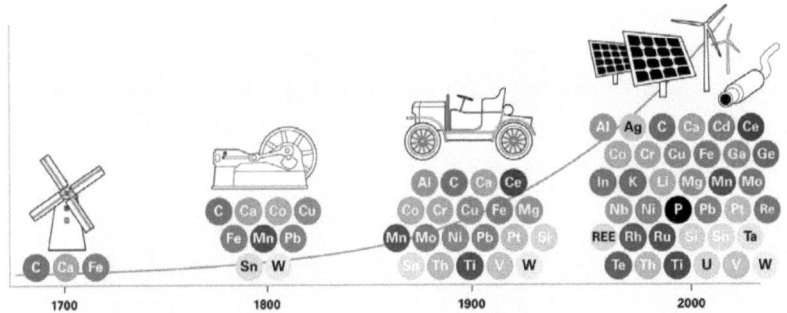

Abbildung 4: Materialieneinsatz in der Energieindustrie

Quelle: Zepf et al. (2014, S. 6)

Die Rückgewinnung und Wiederverwendung der eingesetzten Materialien und somit die Reduktion des künftigen Ressourceneinsatzes wird im Rahmen des sogenannten Closed-Loop Supply Chain Managements (CLSCM) angestrebt. Die Supply Chain stellt eine geschlossene Kette dar und setzt sich aus Rohstoffbeschaffung sowie Rohstoffgewinnung, Vorproduktion einzelner Komponenten, Endmontage und Verkauf des Produktes zusammen (Thorenz, 2013, S. 126). Eine Closed-Loop Supply Chain ist um den Konsumenten erweitert und ergibt sich durch die Einführung der drei Strategien Recycling[1], Remanufacturing[2] und ReUse[3] (ebd.). Der Untersuchungsgegenstand im Rahmen dieser Arbeit liegt primär in der Wiederbeschaffung der in den Photovoltaikmodulen eingesetzten Materialien. Im Falle der kristallinen Solarmodule werden die folgenden Bestandteile in der Reihenfolge ihrer Massenanteile verwendet: Glas, Aluminiumrahmen, Ethylenvinylacetat (EVA), Solarzelle, Rückseitenfolie und Kontaktdose (Ökopol, 2004, S. 22). Auf die genaue Materialzusammensetzung kristalliner Solarmodule wird in Kapitel 4 eingegangen.

Das Recycling von Solarmodulen wird besonders in den kommenden Jahren von grundlegender Bedeutung sein, da die Nutzungsphase je nach Quelle (Fthenakis, 2000, S. 1051), (Dunlop et al., 2005, S. 1593) auf 25 Jahre und mehr geschätzt wird und somit in naher Zukunft die ersten großen Mengen an installierten Modulen ihren sogenannten End-of-life[4] (EOL)-Zeitpunkt erreichen.

---

[1] *„Tätigkeit der Wiederaufbereitung bzw. Wiederverwertung von Abfällen durch die Schaffung nutzbarer Sekundärrohstoffe (= Stoffrecycling)"* (Gäth & Meißner, 2013, S. 108).
[2] Wiederverwendung einzelner Komponenten (Tuma & Lebreton, 2005, S. 59)
[3] Wiederverwendung ganzer Produkte (Tuma & Lebreton, 2005, S. 59)
[4] End-of-life: englisch für „Lebensende"

13

Aufgrund des in 2.1 beschriebenen steigenden Wachstums des Photovoltaikmarktes wird auch die Menge an daraus resultierendem Abfall in Zukunft stetig ansteigen. Wie in Abbildung 5 zu erkennen ist, korreliert die Menge an installierten Modulen mit der Menge an Abfall, der nach 25–30 Jahren Lebensdauer durch genau diese Module entsteht. Das beinahe exponentielle Wachstum der installierten Leistung der letzten Jahre spiegelt sich zeitlich versetzt in der Entwicklung der Abfallmengen wieder (Ökopol, 2004, S. 55). Wie in der Grafik zu sehen ist, steigt die Menge an PV-Abfall circa ab dem Jahr 2022 dramatisch an (McDonald & Pearce, 2010, S. 7042).

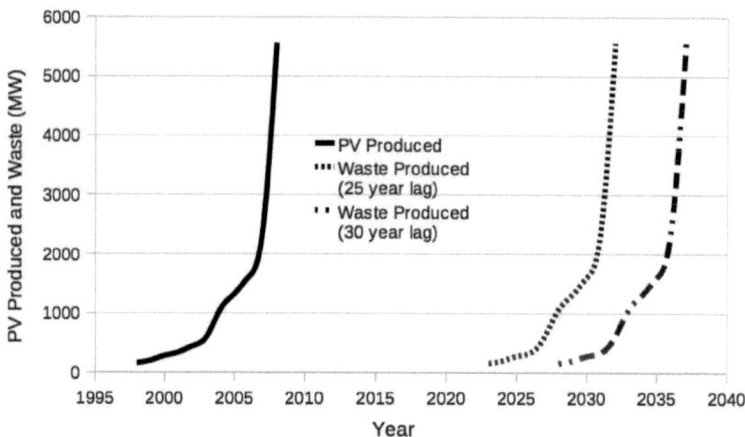

Abbildung 5: Zukünftiges Abfallaufkommen in Abhängigkeit der Produktionsmengen (1998 – 2038)

Quelle: McDonald und Pearce (2010, S. 7043)

Es gibt dabei nach Choi und Fthenakis (2010b, S. 948) zwei verschiedene Arten von PV-Abfall:

- Produktionsabfall
- End-of-life-Module

Anlässlich der langen Lebensdauer und der relativ jungen Technologie ist die Menge an End-of-life-Modulen bislang übersichtlich. Für die nahe Zukunft ergibt sich allerdings die Brisanz der Entwicklung eines effizienten Recyclingsystems. Die Schaffung von Recyclingmöglichkeiten und geeigneten Standorten ist von großer Dringlichkeit und die Erkenntnis über Ort und Zeitpunkt des Ausfalls sowie über Anzahl von Modulen und Mengen an Materialien von großer Relevanz. Ziel ist es, die in den PV-Modulen enthaltenen wertvollen Rohstoffe zurückzugewinnen und in den Sekundärmarkt zu reintegrieren. Die vorliegende Problemstellung ist als Folge dessen Teil eines aktuellen Forschungsfeldes und für die nahe Zukunft von großem Belangen.

14

3 Literaturanalyse

Die systematische Literaturrecherche sowie die anschließende Auswertung der vorhandenen Literatur ist für das Anfertigen einer wissenschaftlich fundierten Arbeit von großer Bedeutung. Im Folgenden soll näher auf die methodologische Vorgehensweise eingegangen werden. Im Anschluss werden die Resultate präsentiert und ausgewertet.

3.1 Vorgehensweise

Die Literaturrecherche wurde zunächst mit Lehrbüchern aus dem Online-Katalog der Universitätsbibliothek Augsburg (OPAC) zum Thema Photovoltaik begonnen. Dies führte zu einem ersten allgemeinen Überblick über die Themenstellung. Lehrbücher wurden dabei auch aus überregionalen Datenbanken oder Bibliotheksverbänden per Fernleihe bestellt. Schnell wurde jedoch deutlich, dass diese teilweise zu unspezifisch und nicht ausreichend wissenschaftlich fundiert waren. Es galt nun, tiefer in die Thematik einzudringen. Nach vom Brocke et al. (2009, S. 9) lässt sich der Prozess der Literatursuche wie folgt darstellen:

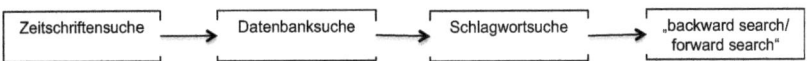

Abbildung 6: Prozess der Literatursuche

Quelle: Eigene Darstellung nach vom Brocke et al. (2009, S. 9)

Wie in Abbildung 6 zu sehen ist, beginnt die Literaturrecherche mit der Suche in wissenschaftlichen Fachzeitschriften und wird anschließend durch die Datenbanksuche erweitert. Die dort vorhandene Literatur wird unter Verwendung passender Schlagwörter evaluiert und im Anschluss mit Hilfe der sogenannten „backward search"[1]- und „forward search"[2]-Methode ergänzt. Im Falle der vorliegenden Arbeit wurde die explizite Suche in Zeitschriften zunächst ausgelassen und vorerst lediglich in den für dieses Themengebiet relevanten Online-Datenbanken *„ScienceDirect"*[3], *„Goog-*

---

[1] Mit „backward search" ist die Durchsicht von Literaturverzeichnissen auf weitere für die Themenstellung interessante Quellen gemeint (vom Brocke et al., 2009, S. 3).
[2] Die „forward search" bezeichnet die Evaluierung zusätzlicher Quellen, in denen das vorliegende Dokument zitiert wird (vom Brocke et al., 2009, S. 3).
[3] *http://www.sciencedirect.com* [Stand: 20.06.2014]: Wissenschaftliche Online-Datenbank des Verlags Elsevier.

le Scholar"[1] und *„Web of Science"*[2] recherchiert. Um die Recherche möglichst strukturiert zu gestalten, wurde zunächst ein Suchterm bestehend aus zwei Suchbegriffen verwendet. Nach Wenger (2013, S. 102) wurden die einzelnen Begriffe in der Form „a + b" kombiniert. Die Recherche wurde vorerst auf englischsprachige Literatur beschränkt. Für a wurden die Ausdrücke „photovoltaic", „photovoltaic module" „crystalline silicon photovoltaic" und „crystalline silicon solar cell" verwendet. Für b kamen Terme wie „materials", „material composition" und „degradation" zum Einsatz. Die relevanten Suchbegriffe wurden zudem immer wieder variiert, um möglichst viele Ergebnisse zu erzielen. Für diese Arbeit sind neben aktuellen Publikationen auch solche ab circa 1990 interessant, da diese den Stand der Forschung der damals installierten Solarmodule abdecken. Im Hinblick auf ihre Recyclierbarkeit sind diese Module besonders von Bedeutung, da sie in den kommenden Jahren als Erste für Recyclingzwecke zur Verfügung stehen werden.

Wurde eine Publikation anhand des Titels für aufschlussreich empfunden, konnte dieser erste Eindruck durch das Querlesen von Inhaltsverzeichnis, Kurzzusammenfassung, Einleitung und Schluss bestätigt oder verworfen werden. Im Falle einer Bestätigung wurde das Dokument gesichert und anschließend der gesamte Inhalt nach den folgenden Gesichtspunkten gesichtet: Wachstum Photovoltaik Branche, Installierte Kapazitäten, Marktanteile kristalliner Module, Funktionsweise Photovoltaik, Aufbau kristalliner Module, Waferdicke, Materialanteile kristalliner Module (Glas, Aluminiumrahmen, Silizium, Silber), Lebensdauer, Degradation, End-of-life und Recycling (Glas, Aluminiumrahmen, Silizium, Silber). Falls der vorliegende Text eine oder mehrere der genannten Themen behandelte, wurde er mit Autor, Erscheinungsjahr und Titel in eine Excel Liste eingetragen und der behandelte Inhalt mit einem „X" markiert. Die Auswertung dieser Liste erfolgt im Abschnitt 3.2. Im Anschluss wurde das Literaturverzeichnis im Rahmen der „backward search" gesichtet und ergänzt. Eine „forward search" wurde zunächst außer Acht gelassen. Zusätzlich zur eigenen Recherche wurde auch von Betreuer Dirr freundlicherweise Literatur bereitgestellt. Diese wurde ebenfalls nach der oben beschriebenen Vorgehensweise evaluiert.

3.2 Ergebnisse

Wie bereits in Kapitel 3.1 näher beleuchtet, wurde die für aufschlussreich empfundene Literatur mit Hilfe einer Excel Tabelle sortiert und nach verschiedenen Gesichtspunkten katalogisiert. Dieses Vorgehen ist exemplarisch anhand Tabelle 1 aufgezeigt.

---

[1] *http://scholar.google.de* [Stand: 20.06.2014]: Wissenschaftliche Online-Datenbank des Suchmaschinenanbieters Google.
[2] *http://apps.webofknowledge.com/UA_GeneralSearch_input.do?product=UA&search_mode=GeneralSearch&SID=Y1NnUJIyITRZpWXBavF&preferencesSaved=* [Stand: 20.06.2014]: Wissenschaftliche Online-Datenbank des Konzerns Thomson Reuters.

Tabelle 1: Literaturanalyse (exemplarisch)

	Autor (Erscheinungsjahr): Titel
Wachstum Photovoltaik Branche	X
Installierte Kapazitäten	X
Marktanteil kristalliner Module	
Funktionsweise Photovoltaik	X
Aufbau kristalliner Module	
Waferdicke	
Materialanteile kristalliner Module:	X
Glas	X
Aluminiumrahmen	
Silizium	X
Silber	X
Lebensdauer	
Degradation	
End-of-life	
Recycling:	X
Glasfront	
Aluminiumrahmen	
Silizium	
Silber	

Quelle: Eigene Darstellung

Die identifizierte Literatur deckt in der Gesamtheit einen Zeitraum von 1998 bis 2014 ab. Der Übersichtlichkeit halber ist die Tabelle in 5 Segmente unterteilt. Diese sind im Anhang 1-5 ab Seite 72 zu finden. Anhang 1 reicht dabei von 1998 bis 2006. Anhang 2 deckt die Jahre 2007 bis 2009 ab. In Anhang 3 ist die Literatur des Jahres 2010 zu finden. Anhang 4 reicht von 2011 bis 2012 und Anhang 5 deckt die Jahre 2013 und 2014 ab. Für den Fall, dass in einem untersuchten Text einer der in der obigen Tabelle exemplarisch aufgeführten Gesichtspunkte erwähnt wird, erhält die entsprechende Zeile und Spalte ein „X" als Markierung. Die blaue Markierung der Spalten besagt, dass die entsprechende Quelle in der vorliegenden Arbeit als Zitat verwendet wird. Insgesamt konnten 78 Quellen bezüglich der Problemstellung evaluiert werden. Im Rahmen dieser Bachelorarbeit wurden 44 dieser Quellen für die Zitation verwendet.

Zum Thema Photovoltaik ist generell eine große Quantität an Literatur zu finden. Die Materialzusammensetzung der kristallinen Module betreffend ist dabei allerdings zu erkennen, dass diese häufig nur am Rande erwähnt wird. Themen wie Umweltbelastung und Energieaufwand bei der Photovoltaik-Produktion sowie Preisentwicklung und Effizienzsteigerung erhalten meist die größere Aufmerksamkeit. Hinsichtlich der Degradation ist eine Vielzahl an Literatur sowohl für kristalline Photovoltaik als auch für andere Technologien vorzufinden. Den theoretischen Recyclingmöglichkeiten für Photovoltaikmodule wird in der Literatur ebenfalls eine große Aufmerksamkeit zuteil.

Insgesamt entsteht für den Bereich der Literatur der Eindruck einer leichten Dominanz der Dünnschicht- und Zukunftstechnologien. Dies mag daran liegen, dass diesbezüglich die aktuelle Forschung von großem Interesse ist. Ziel ist es, sowohl die Kosten als auch die Effizienz der Solarzellen zu verbessern, um diese Technologien für die Zukunft wettbewerbsfähig zu gestalten. Ferner beinhalten diese Arten von Solarzellen häufig seltene oder giftige Metalle wie beispielsweise das Cadmium in den CdTe-Zellen. Aufgrund dessen liegt der Fokus in der Literatur oftmals eher auf der Dünnschicht-Photovoltaik als auf den kristallinen Modulen. Diese beinhalten allgemein keine beziehungsweise wenige kritische Materialien und sind somit für die aktuelle Forschung tendenziell von geringerem Interesse.

Zusammenfassend lässt sich sagen, dass eine gute Literaturrecherche mit anschließender Analyse die Grundlage für die Anfertigung einer wissenschaftlich fundierten Arbeit darstellt. Die Vorgehensweise reicht dabei vom Allgemeinen hin zum Speziellen und sollte gut dokumentiert werden.

4 Materialzusammensetzung kristalliner Photovoltaikmodule

Zur Abschätzung der Materialmengen zukünftig zur Verwertung anfallender Photovoltaikmodule wurde zunächst die Entwicklung des PV-Marktes seit 1990 untersucht. Im Folgenden soll nun der Stand der Forschung bezüglich der Materialzusammensetzung kristalliner Module näher erläutert und im Anschluss daran mit den eigenen empirischen Untersuchungen verglichen werden.

4.1 Stand der Forschung

Zunächst werden anhand der in Kapitel 3 evaluierten Literatur die potentiellen Bestandteile für kristalline Solarmodule – soweit möglich – identifiziert.

Die meisten kristallinen Photovoltaikmodule der letzten Jahrzehnte haben prinzipiell einen ähnlichen Aufbau. In Abbildung 7 ist dieser Aufbau grafisch dargestellt. Eine Glasscheibe (1) bildet die transparente Vorderseite des Solarmoduls. Die sogenannte Zellmatrix (3) besteht meist aus 60 oder 72 kristallinen Solarzellen, die in Reihenschaltung miteinander verbunden sind. Diese Zellen sind sowohl in Richtung der Glasscheibe (2) als auch in Richtung der Modulrückseite (4) mit einem transparenten Verkapselungsmaterial verkapselt. Die Modulrückseite ist mit einer Rückseitenfolie (5) abgedichtet, an der die Kontaktdose sowie die Anschlusskabel (7) befestigt sind. Das Modul ist zudem meist mit einem Rahmen (6) eingefasst (Wirth, 2013, S. 137).

Abbildung 7: Aufbau kristalliner Photovoltaikmodule

Quelle: Wirth (2013, S. 137)

Die Vorderseite des Moduls besteht aus einer gehärteten **Glasscheibe**. Gegenwärtig wird dieses Glas als sogenanntes Kalknatronglas produziert (Blieske & Stollwerck, 2013, S. 201). Nach Blieske und Stollwerck (ebd) lautet die chemische Zusammensetzung dieses Kalknatronglases nach EN572-1 des Deutschen Instituts für Normung e.V. (2004) wie folgt:

Tabelle 2: Chemische Zusammensetzung des Kalknatronglases

Zusammensetzung [%]	Chemische Verbindung
69-74	Siliziumdioxid (SiO_2)
10-16	Natriumoxid (Na_2O)
5-14	Calciumoxid (CaO)
0-6	Magnesiumoxid (MgO)
0-3	Aluminiumoxid (Al_2O_3)
0-5	Andere (z.B. Eisenoxid (Fe_2O_3), Kaliumoxid (K_2O))

Quelle: Blieske und Stollwerck (2013, S. 201)

Die Oxide SiO_2, Na_2O und CaO machen zusammen den Großteil des Glases aus. Dadurch begründet sich dessen Name Kalknatronglas. Die Glasfront eines Photovoltaikmoduls dient vor allem optischen und mechanischen Zwecken. Zum einen soll eine hohe optische Effizienz erreicht werden, was eine geringe Reflektion sowie eine gute Transmission bedeutet. Zum anderen dient das Glas der mechanischen Stabilität des Moduls. Diese kann durch zusätzliche Kombination mit einem Rahmen noch erhöht werden (Wirth, 2013, S. 144).

Zwischen Glasfront und Zellmatrix befindet sich ein transparentes **Verkapselungsmaterial** (Blieske & Stollwerck, 2013, S. 200). Dessen Aufgaben bestehen unter anderem darin, die Zellen sowie die Sammelschienen und Lötkontakte einzubetten und die einzelnen Komponenten vor mechanischer Beanspruchung sowie vor Korrosion zu schützen (ebd, S. 223). Im Laufe der Zeit haben sich aufgrund der vielen Anforderungen nur sehr wenige geeignete Verkapselungsmaterialien etabliert (ebd, S. 224). Das Polymer Ethylenvinylacetat (EVA) ist dabei das am meisten verwendete Material. Es besteht zu 73-67 % aus Polyethylen (PE) und zu 27-33 % aus Vinylacetat (VA) (ebd).

Eine kristalline **Solarzelle** ist nach Klugmann-Radziemska und Ostrowski (2009, S. 1752) wie folgt aufgebaut:

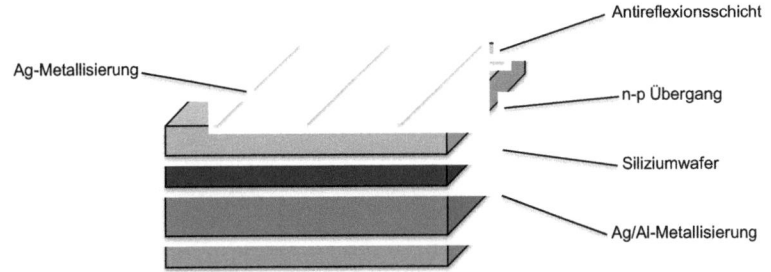

Antireflexionsschicht

Ag-Metallisierung

n-p Übergang

Siliziumwafer

Ag/Al-Metallisierung

Abbildung 8: Exemplarischer Aufbau einer kristallinen Photovoltaikzelle

Quelle: Eigene Darstellung nach Klugmann-Radziemska und Ostrowski (2009, S. 1752)

Wie in Abbildung 8 zu erkennen ist, bildet ein Siliziumwafer die Basis der Solarzelle. Auf dessen Oberfläche wird ein sogenannter n-p Übergang erzeugt. Auf der Rückseite des Wafers befindet sich eine Ag–Metallisierung sowie teilweise eine zusätzliche dünne Aluminium (Al)– Metallisierung. Die Zelle ist zudem mit einer sogenannten Antireflexionsschicht überzogen. Die Metallisierung auf der Vorderseite des Wafers besteht ebenfalls aus Silber (ebd).

Der **Siliziumwafer** einer kristallinen Solarzelle kann aus mono- oder multikristallinem Silizium bestehen. Silizium ist ein Elementhalbleiter mit einem ausgeglichenen Verhältnis zwischen elektronischen, physikalischen sowie chemischen Eigenschaften. Aus diesem Grund ist Silizium beispielsweise auch im Bereich der Mikroelektronik das favorisierte Material (Green, 2014, S. 65). Monokristalline Wafer bestehen aus einem sogenannten Einkristall[1] ohne Korngrenzen[2]. Solarzellen auf Basis von sc-Si besitzen die größte Leistung (Jungbluth et al., 2009, S. 1). Die Wafer werden aus zylinderförmigen monokristallinen Blöcken herausgeschnitten, welche für gewöhnlich nach dem sogenannten Czochralski-Prozess[3] hergestellt werden (Green, 2014, S. 65). Sie sind im Allgemeinen nicht voll quadratisch, sondern pseudo-quadratisch (Glunz et al., 2012, S. 355). Das multikristalline Silizium besteht aus unterschiedlichen Kristallen mit unterschiedlicher Ausrichtung sowie Korngrenzen. Im Vergleich zu sc-Si hat eine Solarzelle auf mc-Si-Basis zwar eine geringere Leistung, ist jedoch in der Herstellung günstiger (Jungbluth et al., 2009, S. 1). Multikristalline Siliziumwafer werden aus Blöcken geschnitten, die durch gerichtete Erstarrung entstehen (Green,

---

[1] *„Kristalle, die allseitig eine freie Oberfläche haben und keine Korngrenzen enthalten, werden als Einkristalle bezeichnet"* (Bargel & Schulze, 2012, S.11).
[2] *„Trifft ein Kristall bei seinem Wachstum (bei der Erstarrung aus der Schmelze [...]) auf einen anderen, so bilden die Gitterebenen der beiden Kristalle meist größere Winkel untereinander. Es entstehen als Grenzflächen (Großwinkel-)Korngrenzen [...]"* (Bargel & Schulze, 2012, S.10).
[3] Beim Czochralski-Prozess wird das Silizium eingeschmolzen und ein wachsender Kristall langsam aus dem Schmelzkessel extrahiert. Als Ergebnis erhält man das sogenannte monokristalline Czochralski-Silizium (Jungbluth et al., 2009, S. 39).

2014, S. 65). Die Wafer sind voll quadratisch mit nur leicht abgeschrägten Ecken (Glunz et al., 2012, S. 355). Der Unterschied zwischen sc-Si und mc-Si liegt somit lediglich in der Art der Herstellung, der Qualität sowie in der Leistung. Im Allgemeinen besitzen die kristallinen Siliziumwafer die Abmessung 156 mm x 156 mm und sind circa 180 μm stark (Wirth, 2013, S. 138). Zuser und Rechberger (2011, S. 57) sprechen von einer durchschnittlichen Waferdicke von 200 μm für das Jahr 2011. Bei Alsema und de Wild-Scholten (2005a, S. 2) liegt die Waferdicke für das Jahr 2005 hingegen in einem Bereich von 270 bis 300 μm.

Auf der Vorderseite der Zelle wird ein sogenannter n-p Übergang mittels atomarer Diffusion von Phosphor erzeugt (Klugmann-Radziemska & Ostrowski, 2009, S. 1751). Der Siliziumwafer ist beispielsweise mit Bor dotiert und bildet einen sogenannten p-dotierten Halbleiter (Green, 2014, S. 65). Eine p-Dotierung bedeutet dabei die Entstehung von Elektronenlöchern (Binnewies et al., 2011, S. 126). In die p-dotierte Vorderseite der Zelle diffundiert nun unter hohen Temperaturen Phosphor (n-dotiert) in die Oberfläche hinein und bildet dort den für die Stromerzeugung benötigten n-p Übergang (Green, 2014, S. 65). Bei einer sogenannten n-Dotierung entstehen Überschusselektronen im Material (Binnewies et al., 2011, S. 126). Der n-p Übergang stellt die Grenzfläche eines n-dotierten und p-dotierten Materials dar. Die überschüssigen Elektronen des n-dotierten Materials besetzten die Elektronenlöcher des p-dotierten Halbleiters (ebd). Durch diesen n-p Übergang sowie die Ladungstrennung wird im Halbleiter ein internes elektrisches Feld erzeugt.

Die Metallisierung der Solarzelle dient der Sammlung der Ladungsträger (Elektronen). Auf der Vorderseite befindet sich ein dem Buchstaben H ähnliches Muster aus einer sogenannten gesinterten[1] Silberpaste. Die Silberpartikel haben bei solch einer Paste einen Gewichtsanteil von 70-85 % (Che et al., 2012, S. 221). Das durchgehende H-ähnliche Muster macht circa 8 % der Vorderseite aus. Die Hauptaufgabe liegt in der Sicherstellung eines effizienten Ladungsträgertransports. Zudem wird aufgrund der geringen Metallisierungsfläche eine hohe Lichtdurchlässigkeit für einfallende Sonnenstrahlen garantiert, da die Fläche des Halbleitermaterials durch das Aufbringen der schmalen H-ähnlichen Metallisierung nur minimal verkleinert wird. Die Metallisierung kann in zwei funktionelle Gruppen unterteilt werden, die sogenannten Kontakt-Sammelschienen und Kontaktfinger. Für die Modulvorderseite werden in der Regel drei Sammelschienen verwendet. Diese sind nach Glunz et al. (2012, S. 357) circa 1,5 mm breit sowie 20 μm hoch und erstrecken sich abstandsgleich über den Wafer sowie parallel zu dessen Kanten. Die Sammelschienen dienen der Stromabnahme aus den Kontaktfingern und ermöglichen den Lötkontakt mit einem beschichteten Kupferband. In einem typischen Abstand von 2 mm sind die Kontaktfinger rechtwinklig zu den Sammelschienen angeordnet. Sie sind nach Glunz et al. (ebd) etwa 100 μm breit und 20 μm hoch. Die Hauptfunktionen der Kontaktfinger liegen in einem geringen Übertragungswiderstand

---

[1] „Durch Sintern lassen sich Fertigteile und Halbzeuge unter Umgehung der flüssigen Phase herstellen" (Bargel & Schulze, 2012, S. 95).

22

sowie in einer exzellenten Leitfähigkeit für einen effizienten Ladungsträgertransport (ebd). Die Rückseite der Zelle ist ebenfalls zum Zwecke eines wirkungsvollen Ladungsträgertransports metallisiert. Auch diese Metallisierung kann unterteilt werden in sogenannte Kontaktpads sowie eine flächendeckende Aluminiumschicht. Die Kontaktpads auf der Zellrückseite sind exakt gegenüber den Kontakt-Sammelschienen der Vorderseite platziert und machen in etwa 5 % der Fläche aus.

Sie formen entweder durchgehende oder unterbrochene Bahnen und sind dabei aus einer circa 4 mm breiten und 20 µm starken Silberpaste, die teilweise zusätzlich Aluminium enthalten kann. Die Hauptaufgabe der Kontaktpads liegt in der Sammlung des Stroms aus den metallisierten Bereichen sowie in der Ermöglichung einer hochleitenden Verbindung zu den Kupfer-Lötkontakten. Die restliche Fläche der Zellrückseite besteht aus einer Aluminiumschicht, welche einen geringen Widerstand darstellt (ebd). In der folgenden Abbildung 9 ist die Aufbringung der Metallisierung einer Solarzelle mit zwei Ag-Kontakt-Sammelschienen auf der Vorderseite sowie zwei Ag/Al-Kontaktpads und einer Aluminiumbeschichtung auf der Rückseite grafisch dargestellt:

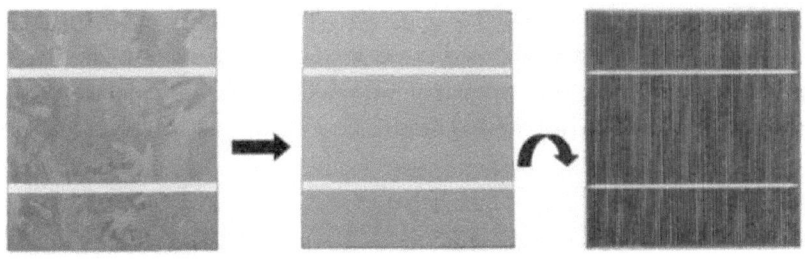

Rückseite: Ag/Al-Kontaktpads   Rückseite: Aluminiumbeschichtung   Vorderseite: Ag-Kontaktfinger,
                                                                      Ag-Sammelschienen

Abbildung 9: Exemplarische Metallisierung einer Solarzelle

Quelle: Glunz et al. (2012, S. 360), ergänzt und bearbeitet

Die Lötkontakte dienen der Verbindung der Solarzellen miteinander. Es sind meist mit Zink beschichtete Kupferbahnen, die circa 2 mm breit und 50 µm stark sind (Green, 2011, S. 911). Sie sind zudem mit einem Lötmittel beschichtet. Die meisten Hersteller nutzen dabei nach wie vor Blei für das Lot (Wirth, 2013, S. 145). Nach Wirth (ebd) haben die Lötkontakte eine Stärke von 120-180 µm und sind circa 1,3-2,4 mm breit.

Um das Reflexionsvermögen der Zelloberfläche zu verringern, ist eine zusätzliche Schicht auf der Solarzelle nötig. Aus diesem Grund ist die Vorderseite einer Solarzelle mit einer Antireflexionsschicht überzogen. Diese kann beispielsweise unter anderem aus Titandioxid (TiO_2), Siliziumoxid

(SiO$_2$), Aluminiumoxid (Al$_2$O$_3$) oder Indium-Zinn-Oxid (ITO) bestehen. Die Reflexion kann so auf circa 1 % verringert werden (Klugmann-Radziemska & Ostrowski, 2009, S. 1752 f.).

Zwischen Zellmatrix und Rückseitenfolie befindet sich erneut eine Schicht aus dem bereits beschriebenen **Verkapselungsmaterial** EVA (Blieske & Stollwerck, 2013, S. 200).

Die Modulrückseite besteht aus einer weißen polymeren **Rückseitenfolie**. Bis zum Jahr 2005 wurde hierfür zu einem Großteil das Material Polyvinylfluorid (PVF) verwendet (ebd, S. 236). Eine PET-Folie wird hierbei von beiden Seiten mit einer Schicht PVF kaschiert (Sander et al., 2007, S. 34). Diese Folie, bestehend aus drei Schichten, wird gewöhnlich auch als sogenannte Tedlar®-Folie bezeichnet. Der Name Tedlar® geht dabei auf die Firma DuPont zurück und ist als Handelsname registriert (Ökopol, 2004, S. 19). Die PET-Schicht ist üblicherweise 200 μm dick und wird von zwei PVF-Schichten mit je circa 40 μm Stärke umgeben (Blieske & Stollwerck, 2013, S. 236). Aufgrund einer Materialknappheit von Tedlar® wurde ab dem Jahr 2005 jedoch eine Vielzahl an neuen Materialien entwickelt (ebd).

Die meisten Photovoltaikmodule mit einer polymeren Rückseitenfolie besitzen einen **Rahmen** aus Aluminium, der zum einen die Festigkeit des Moduls verbessert und zum anderen dessen Handhabung erleichtern soll (ebd, S. 200). In Kombination mit einem Dichtungsband schützt der Rahmen das Modul zudem vor Feuchtigkeitseintritt (Wirth, 2013, S. 150). Neben der größeren Robustheit und der einfacheren Handhabung erhöht der Rahmen allerdings auch das Modulgewicht, vergrößert die ungenutzte Modulfläche und behält im Winter beispielsweise Schnee auf dem Modul liegen. Zudem sind hohe Materialkosten für die Rahmung nötig (Wirth, 2013, S. 150).

Auf der Rückseite eines Photovoltaikmoduls befindet sich eine **Kontaktdose**. Die Stromsammelschienen der Solarzellen werden durch die Rückseitenfolie hindurch zur Kontaktdose transportiert (Blieske & Stollwerck, 2013, S. 200).

Bezüglich der Frage nach dem Recyclingpotenzial kristalliner Photovoltaikmodule liegt der Fokus in dieser Arbeit vor allem auf den Komponenten Glasfront, Aluminiumrahmen, Siliziumzelle und Silberkontakte. Weitere Modulbestandteile wie beispielsweise EVA, Rückseitenfolie und Kontaktdose werden lediglich am Rande betrachtet.

Es ist anzumerken, dass sowohl der beschriebene Modulaufbau als auch die Angaben bezüglich der stofflichen Zusammensetzung sowie der Materialmengen lediglich als beispielhaft angesehen werden dürfen. Es gibt weder einen einheitlichen Modul- und Zellaufbau, noch werden für jedes Modul exakt die gleichen Materialien in der gleichen Zusammensetzung und in den gleichen Mengen verwendet. In der Literatur gibt es immer wieder kleinere und größere Abweichungen sowie Ausnahmen oder Einzelfälle. Aus diesem Grund dürfen der oben genannte Modul- und Zellaufbau sowie die nachfolgende Auswertung der Materialmengen nicht als allgemeingültig angesehen werden, sondern lediglich als exemplarische Darstellung im Rahmen dieser Bachelorarbeit. Im Folgenden werden die aus der Literatur erarbeiteten Materialmengen präsentiert. Im Anhang 6 und Anhang 7 auf den Seiten 76 und 77 befindet sich eine Excel Tabelle, welche die Materialmengen für Glas, Aluminiumrahmen, Silizium und Silber dokumentiert. Es wird dabei ein Zeitraum von 1990 bis 2014 abgedeckt, wobei zu bemerken ist, dass anhand der evaluierten Literatur effektiv erst ab dem Jahr 2000 konkrete Mengenangaben erwähnt werden können. Aus optischen Gründen wurde die Tabelle in zwei Segmente aufgeteilt. Die Tabelle in Anhang 6 deckt die Jahre 1996 bis 2004 ab. Die Tabelle in Anhang 7 beschreibt die Materialzusammensetzung der Jahre 2005 bis 2014.

Das angestrebte Ziel bei der Recherche der Materialmengen war, für die wichtigsten Modulbestandteile sowie für jedes Jahr im Zeitraum 1990 bis 2014 eine konkrete Mengenangabe in der Einheit $\frac{kg}{kWp}$ zu erhalten. Allerdings konnte weder der komplette Zeitraum abgedeckt, noch konnte für jedes Jahr sowie für jeden der Bestandteile Glas, Aluminium, Silizium und Silber eine konkrete Mengenangabe erzielt werden. Aussagen über Materialmengen wurden häufig in der Einheit $\frac{kg}{Modul}$ oder $\frac{kg}{m^2}$ getätigt, ohne jedoch weitere Angaben über das Modul wie beispielsweise Leistung oder Wirkungsgrad zu veröffentlichen. Somit konnten einige Angaben nicht auf die Einheit $\frac{kg}{kWp}$ gebracht werden und waren aus diesem Grund im Hinblick auf einen Vergleich der Materialmengen für diese Arbeit vorerst zwecklos. Der Großteil der angegebenen Mengen konnte jedoch anhand zusätzlicher Informationen in die passende Einheit umgerechnet werden und ist in der Tabelle in Anhang 6 und Anhang 7 zu finden. Im weiteren Verlauf erfolgt nun die Auswertung der aus der Literatur erarbeiteten Materialmengen für die Modulbestandteile Glas, Aluminiumrahmen, Silizium und Silber. Im Rahmen der beispielhaften Berechnungen einiger Materialmengen wurde versucht, möglichst unterschiedliche Quellen darzustellen. Somit kann im folgenden Fließtext beinahe für jede der in Anhang 6 und 7 aufgeführten Quelle die Berechnung der Werte exemplarisch veranschaulicht werden.

Glas

Wie bereits beschrieben, wird für die Glasfront eines Solarmoduls meist das sogenannte Kalknatronglas verwendet. Es besteht überwiegend aus Siliziumdioxid mit Zusätzen von Natron und Kalk (Blieske & Stollwerck, 2013, S. 201). In der folgenden Tabelle 3 sind die Materialmengen für Glas aus der detaillierten Tabelle im Anhang 6 und 7 vereinfacht dargestellt.

Tabelle 3: Materialmengen (Glas)

Jahr	Materialmenge $[\frac{kg}{kWp}]$
2001	64,96
2004	69,09
2006	66,97
2007	75,87
2012	41,10
	63,60

Quelle: Siehe Anhang 6 und Anhang 7

Für die Jahre 2001, 2004, 2006, 2007 und 2012 konnten konkrete Werte in der Einheit $\frac{kg}{kWp}$ erarbeitet werden. Die Materialmengen für die Jahre 2001 sowie 2007 konnten hierbei bereits in der Einheit $\frac{kg}{kWp}$ aus der Literatur entnommen werden. Die Quellen sind im Anhang zu finden. Für die Jahre 2004, 2006 und 2012 waren einige Umrechnungen nötig, um die Werte in der passenden Einheit zu erhalten. Dies ist im Folgenden für das Jahr 2006 exemplarisch dargestellt:

Bei Fthenakis und Kim (2010, S. 1612) ist für die Menge an Glas im Jahr 2006 sowohl für sc-Si als auch für mc-Si von **9,1** $\frac{kg}{m^2}$ die Rede. Das monokristalline Modul hat dabei eine Effizienz von 14,0 %, das multikristalline Modul hat eine Effizienz von 13,2 %. Nach den sogenannten „Standard Test Conditions" (STC) (Fraunhofer ISE, 2014) wird eine Globalstrahlung von 1000 $\frac{W}{m^2}$ angenommen. Für das monokristalline Modul ergibt sich somit bei einer Effizienz von 14,0 % eine Strahlungsleistung von **140** $\frac{W}{m^2}$. Das multikristalline Modul erreicht bei einer Effizienz von 13,2 % eine Strahlungsleistung von **132** $\frac{W}{m^2}$. Teilt man die eingesetzte Menge an Glas [kg] pro m² Modul durch die Strahlungsleistung [W] pro m² Modul, erhält man die Menge an Glas [kg] pro Watt. Somit ergibt sich die folgende Rechnung:

$$\text{sc-Si:} \qquad \frac{9,1\frac{kg}{m^2}}{140\frac{W}{m^2}} = 0,065\ \frac{kg}{W} = \mathbf{65,00}\ \frac{kg}{kW} \qquad (1)$$

$$\text{mc-Si:} \qquad \frac{9,1\frac{kg}{m^2}}{132\frac{W}{m^2}} = 0,06894\ \frac{kg}{W} = \mathbf{68,94}\ \frac{kg}{kW} \qquad (2)$$

Die Materialmenge an Glas für das Jahr 2006 resultiert aus dem Mittelwert aus (1) und (2). Dieser liegt demzufolge bei **66,97** $\frac{kg}{kW}$. Die durchschnittliche Glasmenge in den aufgezählten fünf Jahren

26

2001, 2004, 2006, 2007 und 2012 liegt bei **63,60** $\frac{kg}{kW}$. Dabei ist jedoch anzumerken, dass die Werte

teilweise stark variieren. Der Literaturwert der verwendeten Glasmenge für das Jahr 2012 weicht

beispielsweise deutlich von dem Literaturwert für das Jahr 2007 ab.

Das Halbmetall Silizium, welches als Oxid den Großteil des Glases ausmacht, ist mit einer Häufig-

keit von $2,82 \times 10^5 \frac{mg}{kg}$ in der Erdkruste reichlich vorhanden (Haynes, 2013, S. 14.18). Aus diesem

Grund scheint das Recycling von Glas aus ressourcenspezifischer Sicht zunächst nicht dringend

notwendig. Beachtet man jedoch den zur Herstellung des Glases nötigen Energieeinsatz, so ist das

Recycling im Rahmen einer effizienten Kreislaufwirtschaft unabdingbar. Die durchschnittliche

Stärke der Glasscheibe eines Photovoltaikmoduls beträgt nach Blieske und Stollwerck (2013, S.

212) 3,2 mm. Mit einer spezifischen Dichte des Glases von $2,5 \frac{g}{cm^3}$ und einem Energieeinsatz von

$1,5 \frac{kWh}{kg}$ für das Einschmelzen und Formen des Kalknatronglases sowie $0,4 \frac{kWh}{kg}$ für beispielsweise

den Transport und das Zuschneiden erhält man einen Gesamt-Energieverbrauch von $15,2 \frac{kWh}{m^2}$ für

die Herstellung einer Scheibe Kalknatronglas (ebd). Aus diesem Grund ist das Recycling der Glas-

scheibe eines Photovoltaikmoduls ohne Zweifel sinnvoll. Aus Gründen der Kosteneffizienz wird

der Materialeinsatz an Glas vermutlich im Laufe der Zeit vermindert werden. Dieser Trend deutet

sich bereits in Tabelle 3 an.

Aluminium

Aluminium ist mit einer Häufigkeit von $8,23 \times 10^4 \frac{mg}{kg}$ in der Erdkruste vorhanden (Haynes, 2013, S.

14.18) und lässt sich somit keinesfalls als selten bezeichnen. Das Metall überzeugt unter anderem

durch sein geringes Gewicht, seine Festigkeit und seine Korrosionsstabilität (Nappi, 2013, S. 27).

Im Falle der kristallinen Photovoltaik dient das Aluminium hauptsächlich der Rahmung der Modu-

le, um deren Festigkeit und Handhabung zu verbessern. Die nachfolgende Tabelle 4 ist eine ver-

einfachte Darstellung der im Anhang 6 und 7 präsentierten Materialzusammensetzung. Ihr sind

die Materialmengen für Aluminium zu entnehmen.

Tabelle 4: Materialmengen (Aluminium)

Jahr	Materialmenge $[\frac{kg}{kWp}]$
2001	22,79
2004	23,03
	22,91

Quelle: Siehe Anhang 6 und Anhang 7

Für die Jahre 2001 und 2004 konnte die eingesetzte Menge an Aluminium in der Einheit $\frac{kg}{kWp}$ aus der Literatur abgeleitet werden. Die Quellen sind im Anhang 6 und 7 zu finden. Der Wert aus dem Jahr 2001 konnte dabei direkt in der entsprechenden Einheit übernommen werden. Für das Jahr 2004 war eine Berechnung nötig. Diese ist im Folgenden dargestellt:

Nach Alsema und de Wild-Scholten (2005b, S. 13) ist im Jahr 2004 für ein kristallines Solarmodul mit einer Leistung von **165 Wp** ein Aluminiumrahmen von **3,8 kg** nötig. Daraus ergibt sich folglich:

$$c\text{-Si:} \qquad \frac{3,8\,kg}{165\,Wp} = 0{,}2303\,\frac{kg}{Wp} = \mathbf{23{,}03}\,\frac{kg}{kWp} \qquad\qquad (3)$$

Für die beiden Jahre 2001 und 2004 ergibt sich ein Mittelwert von **22,91** $\frac{kg}{kWp}$ für die Menge an eingesetztem Aluminium. Sander et al. (2007, S. 34) spricht für das Jahr 2007 von einem Wert in Höhe von 10,54 $\frac{kg}{kWp}$. Dieser weicht nicht nachvollziehbar ungefähr um die Hälfte von den übrigen beiden Werten ab. Er ist im Anhang deshalb rot markiert und vorerst nicht in Tabelle 4 aufgenommen. Bezieht man die Abweichung bei Sander et al. (ebd) mit ein, so ergibt sich für die Jahre 2001, 2004 und 2007 ein Mittelwert von 18,79 $\frac{kg}{kWp}$.

Angesichts der Häufigkeit von Aluminium in der Erdkruste ist dessen Betrachtung im Rahmen des Modulrecyclings vielmehr in der energieaufwendigen Herstellung begründet, da diese ein wesentliches Merkmal bei der Gewinnung von Aluminium darstellt (Ilschner & Singer, 2010, S. 324). Bei der Herstellung von 1 kg Aluminium werden 16 kWh Strom verbraucht (Blieske & Stollwerck, 2013, S. 405). Darüber hinaus können Umweltprobleme durch den bei der Al-Produktion als Abfallprodukt entstehenden ätzenden Rotschlamm verursacht werden (ebd). Bezüglich der Ressourcenschonung im Rahmen des CLSCM gilt es die Sekundärproduktion von Aluminium mit Hilfe geeigneter Recyclingstrategien zu erhöhen. Angesichts des hohen Energieaufwandes bei der Al-Produktion erscheint das Recycling der Aluminiumrahmen besonders wertvoll. Auch im Falle von Aluminium werden die verwendeten Materialmengen im Laufe der Zeit aus Kostengründen optimiert. Diese Tendenz ist in Tabelle 4 zu erkennen.

Silizium

Wie bereits unter *Glas* beschrieben, ist Silizium keinesfalls als selten anzusehen. Es ist das zweithäufigste Element in der Erdkruste (Haynes, 2013, S. 4.33).

Das Ausgangsprodukt für die globale Silizium-Industrie ist das sogenannte „metallurgical silicon" (MG-Si) (Jungbluth et al., 2009, S. 26). Für Halbleiteranwendungen ist jedoch eine weitere Reinigung des MG-Si notwendig. Es entsteht das sogenannte „electronic grade silicon" (EG-Si) sowie als Nebenprodukt das sogenannte „off-grade silicon" (ebd). Für die Photovoltaik-Industrie wird zudem speziell das sogenannte „solar grade silicon" (SoG-Si) gefertigt (ebd). In der folgenden Abbildung 10 ist der dargestellte Sachverhalt abgebildet:

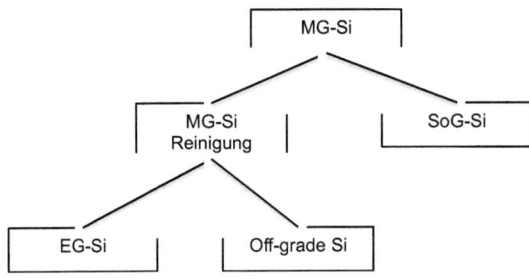

Abbildung 10: Produktionsmix für Silizium in der Photovoltaik-Industrie

Quelle: Jungbluth et al. (2009, S. 14), vereinfacht und bearbeitet nach Rogol (2005), zitiert nach Jungbluth et al. (2009, S. 39)

Um in einer Solarzelle als Wafer Verwendung zu finden, muss das Silizium aufbereitet und gereinigt werden. Diese Prozesse sind sowohl energie- als auch zeitintensiv (Rockett, 2010, S. 121). Jüngst kam es nach Rockett (ebd) im Bereich des EG-Si sogar zu Herstellungsengpässen. Im Folgenden ist der Materialeinsatz für die Siliziumzellen vereinfacht dargestellt. Die ausführliche Tabelle findet sich im Anhang 6 und 7 wieder.

Tabelle 5: Materialmengen (Silizium)

Jahr	Materialmenge $[\frac{kg}{kWp}]$
1996	4,78
2000	4,61
2001	4,14
2003	4,48
2007	3,79
2013	6,00
	4,53

Quelle: Siehe Anhang 6 und Anhang 7

Für die Jahre 1996, 2000, 2001, 2003, 2007 und 2013 konnten konkrete Werte in der Einheit $\frac{kg}{kWp}$ aus der Literatur erarbeitet werden. Die entsprechenden Quellen sind in der detaillierten Tabelle im Anhang aufgeführt. Für die Jahre 1996, 2000, 2003 und 2007 waren Berechnung nötig, die Werte der übrigen Jahre konnten direkt übernommen werden. Auch für Silizium werden beispielhaft einige Rechnungen vorgeführt:

Frischknecht et al. (1996), zitiert nach (Jungbluth et al., 2009, S. 148), liefern Parameter bezüglich sc-Si und mc-Si Wafer für das Jahr 1996. Es ist sowohl das Gewicht der Wafer in Gramm gegeben (sc-Si: **7,11 g**, mc-Si: **7,76 g**), als auch die Leistung der Zelle in Watt Peak (sc-Si: **1,62 Wp**, mc-Si: **1,5 Wp**). Dividiert man die entsprechenden Werte, erhält man die Materialmenge pro Leistung in der Einheit $\frac{kg}{kWp}$. Dies ist im Folgenden dargestellt:

$$\text{sc-Si:} \qquad \frac{7,11\,g}{1,62\,Wp} = 4,39\,\frac{g}{Wp} = \mathbf{4,39\,\frac{kg}{kWp}} \qquad\qquad (4)$$

$$\text{mc-Si:} \qquad \frac{7,76\,g}{1,5\,Wp} = 5,17\,\frac{g}{Wp} = \mathbf{5,17\,\frac{kg}{kWp}} \qquad\qquad (5)$$

Als Mittelwert aus (4) und (5) ergibt sich ein Wert von **4,78 $\frac{kg}{kWp}$**. Der Wert **3,79 $\frac{kg}{kWp}$** für das Jahr 2007 basiert auf dem Mittelwert aus **3,56 $\frac{kg}{kWp}$** nach Sander et al. (2007, S. 34) und **4,01 $\frac{kg}{kWp}$** nach Jungbluth et al. (2009, S. 148). Der Mittelwert für den Materialeinsatz an Silizium im Rahmen der Solarzellen für alle sechs evaluierten Jahre liegt bei **4,53 $\frac{kg}{kWp}$**. Dabei ist anzumerken, dass der Wert für das Jahr 2013 von den übrigen Größen nach oben hin abweicht. Allerdings liegt er insgesamt noch in einem tragbaren Rahmen. Für das Jahr 2006 hingegen ergibt sich auf Basis der Quelle Fthenakis und Kim (2010, S. 1612) mit 11,42 $\frac{kg}{kWp}$ eine weitaus deutlichere Unklarheit im Vergleich zu den übrigen Werten. Für diese gewaltige Abweichung gibt es gegenwärtig keine Erklärung. Die entsprechende Zelle ist in der Tabelle im Anhang 7 rot markiert und nicht in Tabelle 5 in diesem Abschnitt aufgeführt. Auch bei Fraunhofer ISE (2013, S. 7) gibt es mit 16 $\frac{kg}{kWp}$ für das Jahr 2009 eine nicht nachvollziehbare Abweichung bezüglich der Größenordnung der übrigen Werte. Die entsprechende Zelle ist ebenfalls rot markiert und der Wert nicht in die obige Tabelle aufgenommen. Dasselbe Vorgehen gilt auch für Anctil und Fthenakis (2012, S. 4356) mit einem durchschnittlichen Wert von 0,59 $\frac{kg}{kWp}$. Es wird auf unerklärliche Weise von nur 183,36 $\frac{g}{m^2}$ Silizium für mc-Si sowie von 90,43 $\frac{g}{m^2}$ Silizium für sc-Si ausgegangen und es ist dabei zudem nicht ersichtlich, ob sich die Angaben auf das Modul oder die Zelle beziehen. Insgesamt lässt sich auch bezüglich des Materialeinsatzes von Silizium in Tabelle 5 eine leichte Tendenz der Verringerung im Laufe der Jahre erkennen.

Aus wirtschaftlicher Sicht ist die Rückgewinnung von reinem Silizium aus den Zellen der Photovoltaikmodule aufgrund der Materialkosten sowie teilweise auftretender Materialengpässe von größter Bedeutung (Radziemska et al., 2009b, S. 33). Die Herstellungskosten für das Halbleitermaterial Silizium sind aufgrund des energieintensiven Prozesses relativ hoch (Anctil & Fthenakis, 2012, S. 4352). Nach Tao et al. (2011, S. 3179) liegt der Energieeinsatz für die Herstellung von 1 kg eines mc-Si Wafers bei rund 1000 kWh. Die Wiederverwendung des eingesetzten Siliziums ist somit unabdingbar, da die Photovoltaikmodule nicht nur während ihrer Betriebsdauer sondern bereits bei ihrer Herstellung ökologisch effizient sein sollten, um als Grüne Technologie akzeptiert zu werden.

Silber

Mit einer Häufigkeit von $7,5 \times 10^{-2} \frac{mg}{kg}$ ist das Edelmetall Silber in der Erdkruste durchaus als selten zu bezeichnen. Es findet bei der Photovoltaik Anwendung in den Kontaktfingern, Sammelschienen sowie in den Kontaktpads. Die Verwendung von Silber für die Metallisierung der Solarzellen ist nach Che et al. (2012, S. 221) die beste Wahl und wird seit vielen Jahren kommerziell betrieben. Der Grund dafür liegt in der exzellenten elektrischen Leitfähigkeit. Das reine Silber besitzt unter allen Metallen sowohl die höchste elektrische Leitfähigkeit als auch die höchste Wärmeleitfähigkeit und weist zudem den geringsten Kontaktwiderstand auf (Haynes, 2013, S. 4.33). Die folgende Tabelle 6 dient der vereinfachten Darstellung des Materialeinsatzes von Silber. Die detaillierte Tabelle ist im Anhang 6 und 7 zu finden.

Tabelle 6: Materialmengen (Silber)

Jahr	Materialmenge $[\frac{kg}{kWp}]$
2003	0,15
2007	0,12
2009	0,096
2010	0,107
2011	0,056
2012	0,075
	0,1

Quelle: Siehe Anhang 6 und Anhang 7

Für die Jahre 2003, 2007, 2009, 2010, 2011 sowie 2012 konnten Angaben bezüglich der Material-menge in der Einheit $\frac{kg}{kWp}$ aus der Literatur erarbeitet werden. Die Quellen sind im Anhang 6 und 7 aufgelistet. Bis auf die Jahre 2009 und 2011 konnten dabei alle Werte direkt übernommen wer-den. Bei Green (2011) waren kleinere Rechnungen nötig. Diese sind im Folgenden dargestellt: Für das Jahr 2009 liegt die Höhe der Silbermenge, die in der Photovoltaik eingesetzt wird, zwi-schen **560–870 t** (ebd, S. 911). Darüber hinaus wurden im Jahr 2009 circa **8 GW** an Photovoltaikmodulen auf Basis von Siliziumwafern produziert (ebd). Es ergibt sich somit die fol-gende Rechnung:

$$\frac{560\,t}{8\,GW} = 70\,\frac{mg}{W} = 0{,}07\,\frac{kg}{kW} \tag{6}$$

c-Si:

$$\frac{870\,t}{8\,GW} = 109\,\frac{mg}{W} = 0{,}109\,\frac{kg}{kW} \tag{7}$$

Der Materialeinsatz von Silber liegt für das Jahr 2009 somit im Bereich von **0,07-0,109** $\frac{kg}{kW}$. Der Mittelwert aus (6) und (7) beträgt 0,09 $\frac{kg}{kW}$. Zusammen mit dem Wert 0,102 $\frac{kg}{kW}$, der bei London (2011, S. 6) angegeben ist, ergibt sich eine durchschnittliche Jahresmenge von **0,096** $\frac{kg}{kW}$. Für das Jahr 2011 sind nach Berechnungen von Green (ebd, S. 912) **0,056** $\frac{kg}{kW}$ Silber nötig. Das Silver Insti-tute (2012, S. 5) spricht für das Jahr 2012 von einem Silberverbrauch in einem Bereich von **0,07-0,08** $\frac{kg}{kW}$. Daraus ergibt sich ein Mittelwert von **0,075** $\frac{kg}{kW}$. Über alle sechs Jahre geht somit ein durchschnittlicher Wert von **0,1** $\frac{kg}{kW}$ aus der Literatur hervor. Bei Sander et al. (2007, S. 34) ergibt sich für das Jahr 2007 erneut eine unerklärlich hohe Abweichung im Vergleich zu den übrigen Werten. Die entsprechende Zelle ist im Anhang rot markiert und wurde nicht in Tabelle 6 aufge-nommen.

Für die Herstellung von Silber wird die sogenannte Cyanidlaugerei praktiziert (Binnewies et al., 2011, S. 713). Das hierbei freigesetzte toxische Quecksilber stellt eine besondere Bedrohung für Mensch und Umwelt dar (ebd, S. 663). Aus diesem Grund ist das Recycling und die Ausweitung der Sekundärproduktion von Silber dringend notwendig. Auch im Hinblick auf die Preise für das Edelmetall ist dessen Recycling durchaus angebracht. Eine Feinunze[1] Silber war im April 2011 39 US$ wert (Green, 2011, S. 912). Aktuell (17.07.14) liegt der Kurs für eine Feinunze bei 20,801 US$ (HypoVereinsbank, 2013). Bei einem durchschnittlichen Silbergehalt von 50-120 $\frac{mg}{W}$ sind daher nach Green (2011, S. 912) bei einem Kurs von 39 US$ pro Feinunze circa 6-14 US Cent an Silber in einer Zelle gebunden. Bei 60 bis 72 Zellen pro Modul und über 138,9 GW an weltweit kumuliert

---

[1] 1 Feinunze = 31,1034768 g

installierter Kapazität im Jahr 2013 (siehe Kapitel 2.1) wird deutlich, welcher Materialwert tatsächlich in den Altmodulen steckt. Geht man von durchschnittlich 10 US Cent an Silber pro Zelle aus, steckt in einem Modul mit 72 Zellen beispielsweise ein Wert von 7,2 US$.

Im Jahr 2011 gingen nach Grandell und Thorenz (2014, S. 162) 2,2 % des globalen Silberbedarfs in die Herstellung von Solarmodulen. Der steigende Bedarf an Silber begründet sich vor allem in dem häufigen Einsatz in sogenannten Grüne-Energie-Technologien (ebd, S. 157). Nach Green (2011, S. 911) wurden im Jahr 2010 in etwa 2000 t Silber für die Metallisierung von Siliziumwafern verwendet. Ohne die Einführung einer geeigneten Recyclingstruktur bleibt das Silber in den Altmodulen gebunden und geht somit als Rohstoff verloren.

Der Materialeinsatz von Silber für Solarzellen wurde in der Vergangenheit teilweise reduziert (Sander, et al., 2007, S. 35). Dieser Entwicklungstrend ist auch in Tabelle 6 zu erkennen. Bei der Verwendung bleifreier Lötkontakte kann der Silbergehalt allerdings deutlich ansteigen (ebd).

Weitere Modulbestandteile

Der Vollständigkeit halber wurden auch die Materialmengen der zwei weiteren wichtigen Modulbestandteile EVA-Verkapselungsmaterial und Rückseitenfolie untersucht. Die detaillierten Ergebnisse sowie die entsprechenden Quellen sind in der Tabelle im Anhang 6 und 7 zu finden. Die nachfolgende Tabelle 7 ist eine vereinfachte Darstellung.

Tabelle 7: Materialmengen (Weitere Modulbestandteile)

Jahr	EVA Materialmenge $[\frac{kg}{kWp}]$	Rückseitenfolie Materialmenge $[\frac{kg}{kWp}]$
2001	7,77	2,59
2004	7,88	1,94
2006	7,36	-
2007	6,70	3,68
2012	4,44	-
	6,43	**2,74**

Quelle: Siehe Anhang 6 und Anhang 7

Für das Material EVA konnten aus der Literatur Werte für die Jahre 2001, 2004, 2006, 2007 sowie 2012 entnommen werden. Der Mittelwert über alle fünf Jahre beträgt **6,43** $\frac{kg}{kWp}$. Materialmengen der Rückseitenfolie (meist Tedlar®) konnten für die Jahre 2001, 2004 und 2007 erarbeitet werden. Der Mittelwert dieser drei Jahre ergibt **2,74** $\frac{kg}{kWp}$.

Zum Abschluss der Darstellung der Literaturwerte ist anzumerken, dass in der Tabelle im Anhang 6 und 7 für die Leistung sowohl die Einheit kW als auch die Einheit kWp verwendet wird. In der vereinfachten Auswertung der Materialmengen in diesem Kapitel wird lediglich die Einheit kWp genutzt. Diese gilt speziell für die Photovoltaik und drückt die Leistung des Moduls unter STC-Bedingungen aus. Für diese Arbeit gilt die Annahme, dass die STC-Bedingung einer Globalstrahlung von 1000 $\frac{W}{m^2}$ allgemein zutrifft und somit kein maßgeblicher Unterschied zwischen kW und kWp besteht.

Es fällt auf, dass die Werte von Sander et al. (2007) beinahe allesamt teilweise stark von den übrigen Werten abweichen. Die Korrektheit dieser Quelle muss somit in Frage gestellt werden.

Die in der Tabelle im Anhang 7 grau markierten Zellen enthalten Werte für Materialmengen in der Einheit $\frac{kg}{Modul}$. Die Werte in den gelb markierten Zellen besitzen die Einheit $\frac{kg}{m^2}$. Die grau und gelb hinterlegten Zellen sind vorerst aufgrund der nicht vorhandenen Vergleichsmöglichkeiten für die Tabellen 3-6 dieses Kapitels irrelevant. Im Rahmen einer weiteren Recherche kann jedoch beispielsweise versucht werden, mit Hilfe der Informationen der am Lehrstuhl für Production & Supply Chain Management verfügbaren Photon-Moduldatenbank[1], die aus der Literatur evaluierten Werte der Einheit $\frac{kg}{Modul}$ auf die Einheit $\frac{kg}{kWp}$ zu bringen und somit für einen Materialvergleich bereitzustellen. Ist etwa das Jahr für den Wert der Materialmenge bekannt, kann versucht werden, aus der Moduldatenbank die durchschnittliche Leistung [W] aller in diesem Jahr produzierten Module zu gewinnen und durch die bekannte Materialmenge [$\frac{kg}{Modul}$] zu dividieren.

Die folgende Abbildung 11 dient abschließend einem wiederholten Vergleich der eingesetzten Materialmengen für Glas, Aluminiumrahmen, Silizium und Silber im zeitlichen Verlauf. Für alle Bestandteile ist zumindest partiell ein leichter Abwärtstrend zu erkennen. Allerdings ist auch zu sehen, dass es teilweise - wie bereits erwähnt - zu Abweichungen und Ausnahmen kommen kann. Diese Abweichungen sind in der Abbildung rot markiert. Der Aluminiumrahmen und insbesondere die Glasfront machen den Großteil des Modulgewichts aus. Silizium und vor allem Silber haben einen deutlich geringeren Gewichtsanteil an einem Solarmodul.

---

[1] Aufbereitet durch Christoph Helbig (Wissenschaftlicher Mitarbeiter des Lehrstuhls für Production & Supply Chain Management der Universität Augsburg)

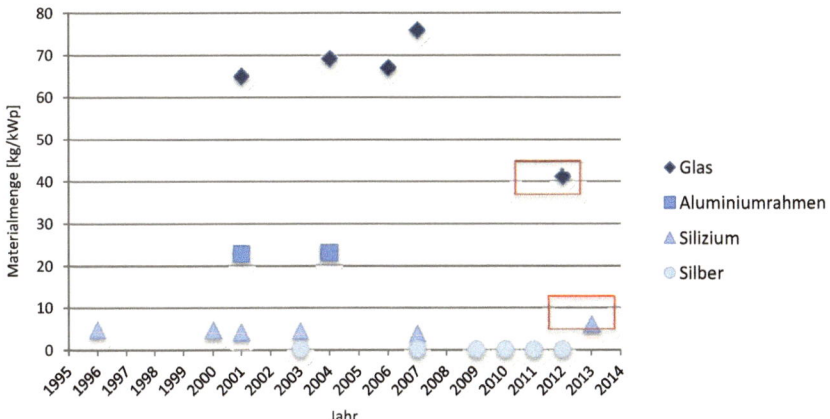

Abbildung 11: Materialmengen im Vergleich (Literatur)

Quelle: Eigene Darstellung auf Basis der Tabellen 3-6

Die in diesem Kapitel gewonnenen Erkenntnisse über die Materialzusammensetzung von Photovoltaikmodulen sowie deren Gewichtsanteile sollen im Folgenden mit Hilfe eigener empirischer Untersuchungen untermauert werden.

4.2 Empirie

Die Untersuchung der relevanten Massenanteile erfolgt lediglich beispielhaft. Es ist hierbei zu erwähnen, dass nicht für alle Bestandteile der Photovoltaikmodule eine vollständige und präzise Analyse ihrer Zusammensetzung bekannt ist. Dies liegt unter anderem an der Bewahrung des Betriebsgeheimnisses der Hersteller. Letztlich können nur äußerst aufwendige messtechnische Analyseverfahren einen präzisen Nachweis über die genaue Materialzusammensetzung geben. Aus diesem Grund muss ausdrücklich klargestellt werden, dass die im Folgenden angegebenen Materialmengen keinen Anspruch auf Vollständigkeit erheben können. Dennoch erscheinen die erarbeiteten Materialmengen ausreichend detailliert, um stichhaltige Aussagen über die stoffliche Zusammensetzung von Solarmodulen zu liefern, nicht zuletzt, wenn man die empirischen Ergebnisse den Literaturwerten gegenüberstellt.

Die Aufgabenstellung dieses Kapitels liegt in der empirischen Untersuchung der Materialmengen zweier unterschiedlicher Photovoltaikmodule. Oberstes Ziel und Aufgabe im Rahmen einer weiterführenden Forschung ist es, die in 4.1 erarbeitete Tabelle (siehe Anhang 6 und Anhang 7) zu ergänzen und möglichst zu vervollständigen. Aus der Literatur konnten bis zum jetzigen Zeitpunkt keine oder nur wenige Daten für die Jahre 1990 bis 2000, 2002, 2005, 2008, 2011, 2013 sowie 2014 entnommen werden. Diese Lücken sollen nun mit Hilfe der empirischen Untersuchungen so weit wie möglich gefüllt werden.

In einem ersten Schritt wurde versucht, in Augsburg und Umgebung möglichst ausgediente sowie nicht mehr funktionsfähige Photovoltaikmodule zu beschaffen. Die Firma Cirrus-Solar GmbH in Augsburg konnte zwei monokristalline Module der Firma Suntech aus dem Jahr 2011 zur Verfügung stellen. Bei MAK Solar GmbH in Stadtbergen wurde ein monokristallines Modul von Bosch Solar aus dem 2009 bereitgestellt. Die Firma Schmidt Elektroanlagen aus Augsburg konnte ebenfalls zwei ausgediente Module der Hersteller Photowatt Internationals sowie Suntech aus den entsprechenden Jahren 2002 sowie 2011 aufweisen. Im Rahmen der vorliegenden Arbeit wurden zunächst zwei Module für die Zerlegung und die daran anschließenden Untersuchungen ausgewählt. Die Wahl fiel dabei auf das Modul von Bosch Solar der Firma MAK Solar GmbH sowie auf das Modul der Firma Photowatt Internationals, bereitgestellt von Schmidt Elektroanlagen. Mit freundlicher Unterstützung der Feinmechanischen Werkstatt der Universität Augsburg konnten die beiden Module zerlegt werden.

In der folgenden Tabelle sind die wichtigsten Informationen bezüglich der beiden Module aufgelistet. Diese basieren auf den eigenen Messungen. Ein Vergleich bezüglich der offiziellen Datenblätter der Module ist im Anhang 8 sowie im Anhang 9 zu finden.

Tabelle 8: Allgemeine Modulinformationen (empirische Untersuchungen)

	Modul 1	**Modul 2**

Hersteller:	Bosch Solar	Photowatt Internationals
Bezeichnung:	c-Si 48 EU 30111	PW 1650 24 V 175 Wp
Jahr:	2009	2002
Leistung:	195 Wp	175 Wp
Zelltyp:	monokristallin	multikristallin
Zellform:	pseudo-quadratisch	voll quadratisch
Anzahl Zellen:	48	72
Abmessung Zelle:	156 mm x 156 mm	126 mm x 126 mm
Stärke Zelle:	180 µm	200 µm
Gewicht Modul:	17,1 kg	18,2 kg
Abmessung Modul:	134,2 cm x 98,8 cm x 4,0 cm	123,7 cm x 108,3 cm x 3,8 cm
Rahmen:	✓	✓
Gewicht Rahmen:	2,2 kg	2,5 kg
Höhe Rahmen:	4,0 cm	3,8 cm
Stärke Glas:	3,8 mm	4,6 mm

Quelle: Eigene Messungen

Zuerst galt es, den Rahmen der Module zu entfernen. Beide Rahmen waren dabei sowohl verschraubt als auch verklebt. Die Verklebung konnte mit Hilfe eines Cutter-Messers sowie einer Heißluftpistole unter Einsatz von hohem Kraftaufwand entfernt werden. Im Anschluss wurden die verschraubte und verklebte Kontaktdose sowie die Anschlusskabel ebenfalls unter Einsatz eines Schraubenziehers sowie Cutter-Messers abgetrennt. Tendenziell war das Lösen der Verklebungen bei Modul 2 leichter als bei Modul 1, da diese im Laufe der Jahre möglicherweise porös geworden sind und somit weniger stark hafteten. Das Ergebnis war ein relativ dünnes und elastisches Laminat aus Glas, Verkapselungsmaterial, Zellmatrix sowie Rückseitenfolie. Die einzelnen Schichten waren dabei so fest verbunden, das selbst das Glas – obwohl bereits gesplittert – nicht einfach abgetrennt werden konnte. Aus diesem Grund wurde das Laminat mit Hilfe einer Spezialschere vorerst nur in kleine Stücke geschnitten. Diese galt es nun mit filigranerem Werkzeug zu bearbeiten. Einzelne Glassplitter konnten mit Hilfe eines kleinen Schraubenziehers abgetrennt werden. Im Anschluss wurde versucht, Teile der eigentlichen Zelle freizulegen. Da diese allerdings extrem dünn und sehr gut mit dem Glas verkapselt ist, war eine Freilegung von Bruchstücken einer ansatzweise brauchbaren Größe kaum möglich. Es konnten lediglich ausgesprochen kleine Zellsplitter abgebrochen werden. Das Freilegen der Sammelschienen, Kontaktpads sowie der Lötkontakte funktionierte hingegen relativ problemlos. Wurde an einer Stelle das Glas bereits entfernt, so konnte mit Hilfe eines kleinen Schraubenziehers die Verkapselung vorsichtig abgelöst und so der Zugang zu der Metallisierung hergestellt werden. Es galt dabei, möglichst nicht die Oberfläche zu zerstören, da diese in den anschließenden Messungen untersucht werden sollte. Im Anhang 10 am Ender der Arbeit befinden sich einige exemplarische Bilder der Zerlegung von Modul 1.

Am Ende der groben Zerlegung der Module sowie der filigraneren Zerlegung der Zellen ergaben sich für jedes der beiden Module einige Proben, die nun mit Hilfe der sogenannten energiedispersiven Röntgenspektroskopie - kurz EDX[1] - auf ihre Materialzusammensetzung untersucht werden konnten. In Tabelle 9 sind diese Proben aufgeführt:

Tabelle 9: Darstellung der Proben

Modul 1	Modul 2
Bruchstück Glas	Bruchstück Glas
Bruchstück Rahmen	Bruchstück Rahmen
Bruchstück Wafer	Bruchstück Wafer
Sammelschiene	Sammelschiene
Lötkontakt	-

Für das Modul 1 konnten demnach Bruchstücke von Glas, Rahmen und Wafer untersucht werden. Außerdem konnten Teile einer Sammelschiene sowie eines Lötkontakts freigelegt werden, welche ebenfalls inspiziert werden konnten. Für das Modul 2 konnten ebenfalls Bruchstücke von Glas, Rahmen und Wafer untersucht werden. Allerdings wurde hier nur ein Teil einer Sammelschiene freigelegt. Ein Lötkontakt stand also für eine Messung nicht zur Verfügung. Im Anhang 11 befinden sich die Bilder der Probenkörper.

---

[1] EDX: englisch für „energy dispersive X-ray spectroscopy"

Im Folgenden sollen sowohl die EDX-Analyse als auch deren Ergebnisse dargestellt werden. Die energiedispersive Röntgenspektroskopie basiert auf dem Prinzip der charakteristischen Röntgenstrahlung jedes Elements. Eine Probe wird mittels Röntgenstrahlen angeregt, welche zuvor in einer Röntgenröhre erzeugt wurden (Shimadzu, 2014, S. 5). Trifft ein Röntgenstrahl auf ein Atom, so wird ein Elektron der inneren Schale aus dem Atom herausgeschlagen (Agarwal, 1991, S. 51). In Abbildung 12 ist dieser Vorgang vereinfacht mit Hilfe des Bohrschen Atommodells dargestellt:

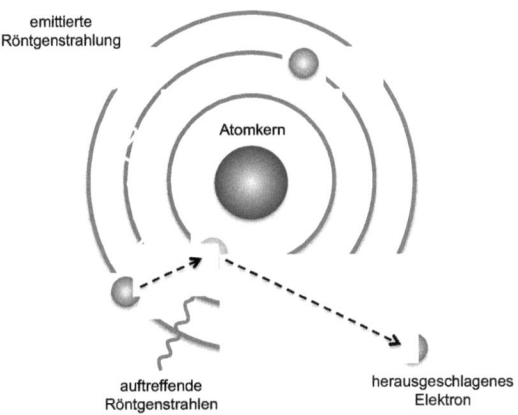

Abbildung 12: Prinzip der energiedispersiven Röntgenspektroskopie

Quelle: Eigene Darstellung

Das aus der inneren Schale herausgeschlagene Elektron wird nun mit einem Elektron aus einer höheren Schale ersetzt, um einen energetisch günstigen Zustand zu erreichen. Zwischen den beiden Schalen herrscht eine Energiedifferenz, welche für den Elektronenübergang eines jeden Elements charakteristisch ist. Beim Rückfall in eine niedrigere Schale wird die dabei frei werdende Energie in Form von Röntgenstrahlen emittiert (ebd, S. 69). In Abbildung 13 ist sowohl die Bezeichnung der Schalen eines Atoms als auch die Bezeichnung der jeweiligen Elektronenübergänge grafisch dargestellt:

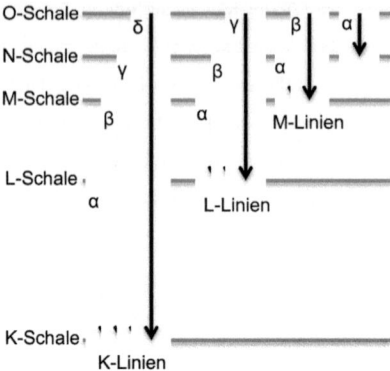

Abbildung 13: Darstellung der Elektronenübergänge

Quelle: Eigene Darstellung nach Argarwal (1991, S. 52)

Die Energie sowie die Intensität der resultierenden charakteristischen Röntgenstrahlung wird anschließend mit Hilfe eines Detektor erfasst (Shimadzu, 2014, S. 5). Da die Intensität der Strahlung abhängig von der Konzentration des jeweiligen Elements ist, können Annahmen bezüglich der elementaren Zusammensetzung der Probe getätigt werden. Diese können allerdings mit Fehlern belastet sein. Zum Abschluss wird die Intensität der Strahlung in Abhängigkeit der gemessenen Energie in keV aufgetragen und ein sogenanntes Linienspektrum erstellt.

Glas

Bei der Untersuchung der von der Glasfront entnommenen Proben konnte sowohl für das Modul 1 als auch für das Modul 2 mit einem prozentualen Anteil von über 80 % eindeutig Silizium beziehungsweise SiO_2 nachgewiesen werden. In der folgenden Tabelle sind die Ergebnisse der Software exemplarisch für das Modul 1 dargestellt:

Tabelle 10: Quantitatives Ergebnis der EDX-Analyse (Glas Modul 1)

Quantitative Result

Analyte	Result
SiO2	88.445 %
Ca	10.716 %
S	0.513 %
Sb	0.199 %
Zr	0.047 %
Ti	0.031 %
Fe	0.021 %
Ag	0.019 %
Cu	0.005 %
Sr	0.003 %

Quelle: Auswertung durch EDX-Software

In beiden Probenkörpern tritt Calcium (Ca) als zweithäufigstes Element auf. Dies deutet stark auf die Verwendung eines Kalknatronglases hin, allerdings konnte Natrium vorerst nicht nachgewiesen werden. Dagegen wurde Zirkonium (Zr) in der Probe entdeckt. Bei beiden Modulen handelt es sich somit vorrangig um eine Verbindung aus Siliziumdioxid sowie Calcium. Die höchsten der sogenannten Peaks[1] sind bei Silizium, Calcium, Zirkonium sowie Rhodium (Rh) zu sehen. Zur Erzeugung der Röntgenstrahlen wird eine Rhodium-Anode verwendet. Die Peaks bei Rhodium können somit vernachlässigt werden, da diese eine Verunreinigung durch die Anode darstellen. In der prozentualen Auswertung wird das Element Rhodium von der Software ebenfalls nicht berücksichtigt.

Exemplarisch für das Modul 1 ist der relevante Ausschnitt des Linienspektrums um Silizium im Folgenden dargestellt:

---

[1] Peak: englisch für „Höchstwert"

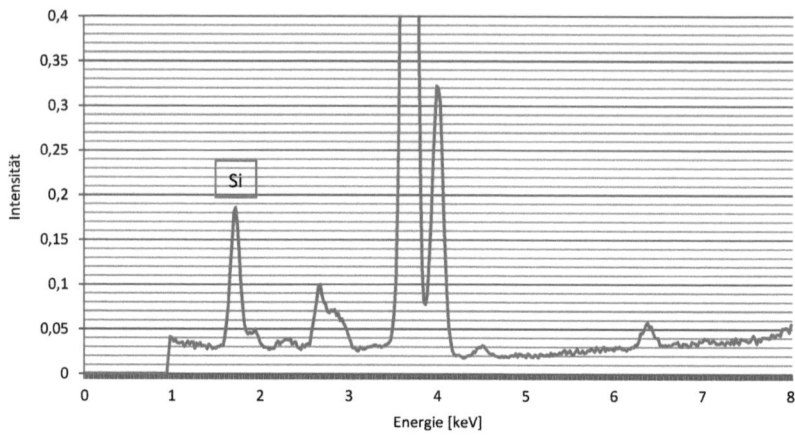

Abbildung 14: Linienspektrum Glas Modul 1

Quelle: Eigene Darstellung

Es galt nun, die tatsächliche Menge an Glas für die beiden Module im Hinblick auf deren Recyclingpotenzial zu ermitteln. Mit Hilfe der folgenden Formel zur Bestimmung der Dichte:

$$\rho = \frac{m}{V} \qquad (8)$$

(mit m = Masse und V = Volumen), konnte nun die Masse der jeweiligen Glasfront durch Auflösen nach m berechnet werden. Hierfür wurde zunächst die Dichte der beiden Probenkörper mit freundlicher Unterstützung des Lehrstuhls für Festkörperchemie der Universität Augsburg bestimmt. Die Vorgehensweise zur Bestimmung der Dichte ist im Anhang 12 zu finden. Die Ergebnisse sind in der folgenden Tabelle 11 dargestellt:

Tabelle 11: Ergebnisse der Dichtebestimmung für Glas

	Dichte
Modul 1	2415,39 $\frac{\text{kg}}{\text{m}^3}$
Modul 2	2306,91 $\frac{\text{kg}}{\text{m}^3}$

Quelle: Eigene Berechnungen

Der Literaturwert für die Dichte von Kalknatronglas liegt zum Vergleich bei 2500 $\frac{\text{kg}}{\text{m}^3}$. Die errechneten Werte für die Dichte des Glases können somit für durchaus sinnvoll erachtet werden. In einem

42

nächsten Schritt galt es, das entsprechende Volumen der beiden Glasscheiben zu berechnen. Dies ist im Folgenden demonstriert:

Tabelle 12: Volumenbestimmung der Glasfront

	Volumen
Modul 1	1,342 m x 0,988 m x 3,8 x 10^{-3} m = **50,38 x 10^{-4} m^3**
Modul 2	1,237 m x 1,083 m x 4,6 x 10^{-3} m = **61,62 x 10^{-4} m^3**

Quelle: Eigene Berechnungen

Die Daten für Länge, Breite und Höhe stammen dabei aus Tabelle 8. Es wurde die Annahme getroffen, dass die Glasscheibe annähernd dieselbe Länge und Breite besitzt wie das gesamte Modul. Die Messungen für Länge und Breite wurden mit Hilfe eines Zollstocks getätigt. Die Messgenauigkeit liegt somit jeweils bei circa 1 mm. Die Messung der Glasstärke wurde mit Hilfe eines sogenannten Messschiebers getätigt. Dessen Messgenauigkeit liegt bei circa 0,02 mm. Insgesamt ergibt sich für das Volumen eine Messgenauigkeit von 2,0 x 10^{-11} m^3.

Die schlussendliche Berechnung der Massen für Glas ist in Tabelle 13 aufgezeigt:

Tabelle 13: Massenbestimmung der Glasfront

	Masse
Modul 1	m = ρ x V = 2415,39 $\frac{kg}{m^3}$ x 50,38 x 10^{-4} m^3 = **12,17 kg**
Modul 2	m = ρ x V = 2306,91 $\frac{kg}{m^3}$ x 61,62 x 10^{-4} m^3 = **14,22 kg**

Quelle: Eigene Berechnung

Zum Abschluss sollen nun der prozentuale Anteil am Modulgewicht sowie die tatsächliche Materialmenge in der Einheit $\frac{kg}{kWp}$ berechnet werden (siehe Tabelle 14):

Tabelle 14: Bestimmung des prozentualen Gewichtanteils sowie der Materialmenge von Glas

	Anteil Modulgewicht [%]	Materialmenge $[\frac{kg}{kWp}]$
Modul 1	$\frac{12{,}17\ kg}{17{,}10\ kg} = 0{,}71169 = \mathbf{71{,}17\ \%}$	$\frac{12{,}17\ kg}{0{,}195\ kWp} = \mathbf{62{,}41}\ \frac{kg}{kWp}$
Modul 2	$\frac{14{,}22\ kg}{18{,}20\ kg} = 0{,}78131 = \mathbf{78{,}13\ \%}$	$\frac{14{,}22\ kg}{0{,}175\ kWp} = \mathbf{81{,}26}\ \frac{kg}{kWp}$

Quelle: Eigene Berechnung

Die Daten hierfür stammen ebenfalls aus Tabelle 8. Für die Jahre 2002 und 2009 kann die Tabelle im Anhang 6 und 7 somit um die in Tabelle 14 dargestellten Materialmengen für Glas ergänzt werden.

Aluminium

In den Probenkörpern der entsprechenden Rahmen von Modul 1 sowie Modul 2 konnte mit einem prozentualen Anteil von über 90 % eindeutig Aluminium als Hauptbestandteil nachgewiesen werden. Das Ergebnis der quantitativen Auswertung für das Modul 1 wird in der folgenden Tabelle 15 exemplarisch aufgezeigt:

Tabelle 15: Quantitatives Ergebnis der EDX-Analyse (Rahmen Modul 1)

Quantitative Result

Analyte	Result
Al	93.021 %
S	6.564 %
P	0.229 %
Fe	0.075 %
K	0.028 %
Mn	0.020 %
Ca	0.017 %
Cr	0.009 %
Ti	0.009 %
Zn	0.008 %
Ag	0.006 %
Ga	0.005 %
Cu	0.003 %
U	0.003 %
Se	0.002 %

Quelle: Auswertung durch EDX-Software

Das relevante Linienspektrum im Bereich von Aluminium ist im Folgenden ebenfalls exemplarisch für das Modul 1 dargestellt:

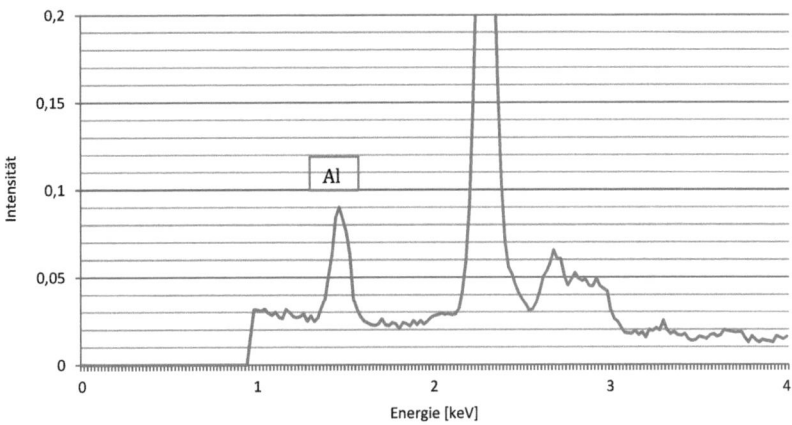

Abbildung 15: Linienspektrum Rahmen Modul 1

Quelle: Eigene Darstellung

Die Peaks des Linienspektrums sind bei Aluminium, Rhodium sowie Eisen (Fe) zu erkennen, wobei die Peaks bei Rhodium vernachlässigt werden können. Es handelt sich somit bei beiden Modulen hauptsächlich um einen Aluminiumrahmen, welcher jedoch unter anderem auch Spuren von Eisen enthält.

Da die Massen für die beiden Rahmen aus Tabelle 8 bekannt sind und eine Homogenität des Rahmens angenommen wird, gilt es lediglich, die prozentualen Gewichtsanteile sowie die Materialmengen in der Einheit $\frac{kg}{kWp}$ zu berechnen. Dies ist in der folgenden Tabelle 16 dargestellt:

Tabelle 16: Bestimmung des prozentualen Gewichtsanteils sowie der Materialmenge des Al-Rahmens

	Anteil Modulgewicht [%]	Materialmenge [$\frac{kg}{kWp}$]
Modul 1	$\frac{2,2\ kg}{17,10\ kg} = 0,12865 = \mathbf{12,87\ \%}$	$\frac{2,2\ kg}{0,195\ kWp} = \mathbf{11,28}\ \frac{kg}{kWp}$
Modul 2	$\frac{2,5\ kg}{18,20\ kg} = 0,13736 = \mathbf{13,74\ \%}$	$\frac{2,5\ kg}{0,175\ kWp} = \mathbf{14,29}\ \frac{kg}{kWp}$

Quelle: Eigene Berechnung

Für die Jahre 2002 und 2009 kann die Tabelle im Anhang 6 und 7 somit um die in Tabelle 16 dargestellten Materialmengen für den Aluminiumrahmen ergänzt werden. Die beiden Materialmengen für den Modulrahmen implizieren zunächst einen Rahmen aus 100 % Aluminium. Da jedoch lediglich circa 90 % Aluminium nachgewiesen werde konnten und der Rest des Rahmens aus Verunreinigungen wie beispielsweise Eisen besteht, ist die tatsächliche Materialmenge für Aluminium geringer. Diese liegt bei circa 90 % und ergibt somit für Modul 1 einen Wert von $10{,}15 \frac{kg}{kWp}$ sowie für Modul 2 einen Wert von $12{,}86 \frac{kg}{kWp}$. Für den Vergleich mit der Literatur werden jedoch die beiden Werte für einen reinen Aluminiumrahmen aus Tabelle 16 angenommen.

Silizium

Die EDX-Analyse der Siliziumwafer ergab, dass entsprechend der Erwartungen mit einem prozentualen Anteil von über 99 % sowohl für Modul 1 als auch für Modul 2 Silizium beziehungsweise SiO_2 als eindeutiger Hauptbestandteil vorzufinden ist. Für den Wafer von Modul 2 ist das quantitative Ergebnis in der folgenden Tabelle 17 exemplarisch aufgeführt:

Tabelle 17: Quantitatives Ergebnis der EDX-Analyse (Wafer Modul 2)

Quantitative Result

Analyte	Result
SiO2	99.729 %
S	0.229 %
Fe	0.016 %
Ag	0.015 %
Ni	0.005 %
Zn	0.004 %
Pb	0.002 %

Quelle: Auswertung durch EDX-Software

Das relevante Linienspektrum im Bereich von Silizium ist im Folgenden ebenfalls exemplarisch für das Modul 2 dargestellt:

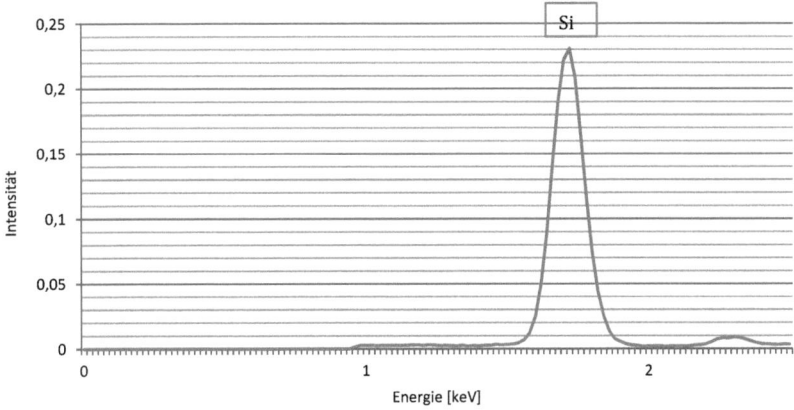

Abbildung 16: Linienspektrum Silizium Modul 2

Quelle: Eigene Darstellung

Die Peaks im gesamten Linienspektrum sind zu erkennen bei Silizium, Silber, Eisen, Nickel (Ni), Zink (Zn) sowie Rhodium. Zudem tritt ein weiterer nicht identifizierbarer Peak auf. Rhodium kann auch in diesem Falle vernachlässigt werden. Die Solarzelle besteht somit vorrangig aus Silizium mit Verunreinigungen von Silber, Eisen, Zink und Nickel.

Aus Tabelle 8 ist sowohl die jeweilige Anzahl der Zellen als auch deren Abmessungen bekannt. In einem ersten Schritt galt es somit, die Fläche einer entsprechenden Zelle von Modul 1 und Modul 2 zu berechnen. Die exakte Vorgehensweise ist im Anhang 13 zu finden. In Tabelle 18 sind die entsprechenden Werte für die Flächen der Zellen dargestellt:

Tabelle 18: Ergebnis der Bestimmung der Zellflächen

	Zellfläche
Modul 1	$19,78 \times 10^{-3} \ m^2$
Modul 2	$15,38 \times 10^{-3} \ m^2$

Quelle: Eigene Berechnung

Die Stärken der Zellen sind in Tabelle 19 aufgeführt:

47

Tabelle 19: Zellstärken

	Zellstärke
Modul 1	180 μm
Modul 2	200 μm

Quelle: Eigene Berechnung

Die Messung wurde mit Hilfe eines Messschiebers durchgeführt. Die Messgenauigkeit liegt dabei circa bei 0,02 mm. Im nächsten Schritt soll das Volumen der Zellen berechnet werden. Diese resultieren aus der Multiplikation von Zellfläche mit Zellstärke. Für die entsprechenden Volumina ergeben sich folgende Werte (siehe Tabelle 20):

Tabelle 20: Zellvolumen

	Zellvolumen
Modul 1	$V = 19{,}78 \ m^2 \times 10^{-3} \times 1{,}80 \times 10^{-4} \ m = \mathbf{3{,}5604 \times 10^{-6} \ m^3}$
Modul 2	$V = 15{,}38 \times 10^{-3} \ m^2 \times 2{,}00 \times 10^{-4} \ m = \mathbf{3{,}0768 \times 10^{-6} \ m^3}$

Quelle: Eigene Berechnung

Aufgrund der auftretenden Schwierigkeit, ein geeignetes Stück des Wafers als Probe zu erhalten, konnte die Dichte von Silizium nicht empirisch bestimmt werden. Nach Greenwood und Earnshaw (1988, S. 426) beträgt die Dichte von Silizium $2{,}336 \ \frac{g}{cm^3} = \mathbf{2336 \ \frac{kg}{m^3}}$. Mit Hilfe dieser Angabe kann von dem Zellvolumen auf das Gewicht geschlossen werden. Hierfür wird die Formel (8) verwendet. Im Folgenden sind die Ergebnisse dargestellt (siehe Tabelle 21):

Tabelle 21: Zellgewicht

	Zellgewicht
Modul 1	$m = \rho \times V = 2336 \ \frac{kg}{m^3} \times 3{,}5604 \times 10^{-6} \ m^3 = \mathbf{8{,}32 \times 10^{-3} \ kg}$
Modul 2	$m = \rho \times V = 2336 \ \frac{kg}{m^3} \times 3{,}0768 \times 10^{-6} \ m^3 = \mathbf{7{,}18 \times 10^{-3} \ kg}$

Quelle: Eigene Berechnung

Multipliziert man im nächsten Schritt das Gewicht einer Zelle mit der Anzahl an Zellen im Modul, so erhält man das Gewicht aller verbauten Zellen und somit entsprechend auch das Gewicht des Siliziums für das gesamte Modul (siehe Tabelle 22):

Tabelle 22: Zellgewicht pro Modul

Zellgewicht pro Modul	
Modul 1	$8,32 \times 10^{-3}$ kg x 48 Zellen = **0,39936 kg**
Modul 2	$7,18 \times 10^{-3}$ kg x 72 Zellen = **0,51696 kg**

Quelle: Eigene Berechnung

Im letzten Schritt galt es nun lediglich das errechnete Siliziumgewicht pro Modul durch die entsprechende Modulleistung zu teilen. Zudem wurde der prozentuale Gewichtsanteil am gesamten Modul bestimmt (siehe Tabelle 23):

Tabelle 23: Bestimmung des prozentualen Gewichtanteils sowie der Materialmenge von Silizium

	Anteil Modulgewicht [%]	Materialmenge $[\frac{kg}{kWp}]$
Modul 1	$\frac{0,39936 \text{ kg}}{17,10 \text{ kg}} = 0,0234 =$ **2,34 %**	$\frac{0,39936 \text{ kg}}{0,195 \text{ kWp}} =$ **2,05** $\frac{kg}{kWp}$
Modul 2	$\frac{0,51696 \text{ kg}}{18,20 \text{ kg}} = 0,0284 =$ **2,84 %**	$\frac{0,51696 \text{ kg}}{0,175 \text{ kWp}} =$ **2,95** $\frac{kg}{kWp}$

Quelle: Eigene Berechnung

Silber

Im Rahmen der empirischen Untersuchung der beiden Module konnte Silber lediglich in den Kontaktfingern eindeutig und in großen Mengen nachgewiesen werden. Hierfür wurden jeweils Bruchstücke der entsprechenden Wafer, bei denen die Kontaktfinger zu erkennen sind, mit Hilfe einer ESEM[1]-Analyse untersucht. Der Unterschied zum EDX liegt lediglich im besseren Vakuum in der Probenkammer sowie in der Verwendung eines speziellen Detektors. Die ESEM-Analyse ist somit exakter und liefert für die Elemente Prozentangaben sowohl in Gewichtsprozent als auch in Atomprozent. Da diese Methode im Vergleich zur EDX-Methode jedoch in der Durchführung deutlich kostenintensiver ist, konnte lediglich die Menge an Silber untersucht werden. Für das **Modul 1** konnte Silber in den Kontaktfingern mit circa **92 %** (Gewichtsprozent) nachgewiesen werden. In **Modul 2** bestehen die Kontaktfinger zu **88 %** (Gewichtsprozent) aus Silber. Die Ergebnisse der ESEM-Analyse sind im Vergleich zur EDX-Analyse weitaus zuverlässiger und können durchaus als verlässlich angenommen werden.

---

[1] ESEM: englisch für „environmental scanning electron microscope"

Die sich ergebenden Linienspektren für die Kontaktfinger sind im Folgenden für Modul 1 sowie für Modul 2 dargestellt:

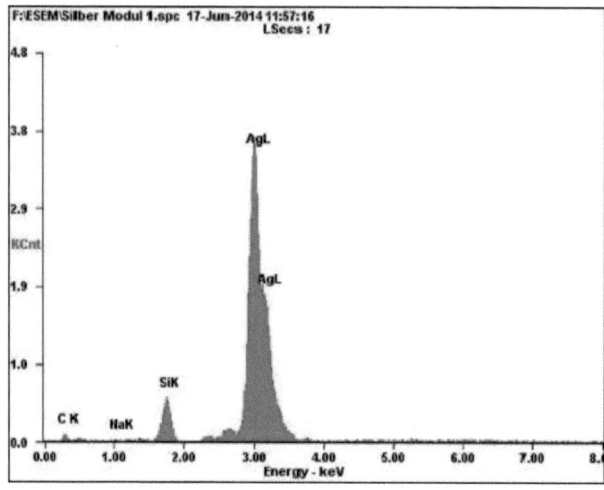

Abbildung 17: Linienspektrum Kontaktfinger Modul 1

Quelle: ESEM-Analyse

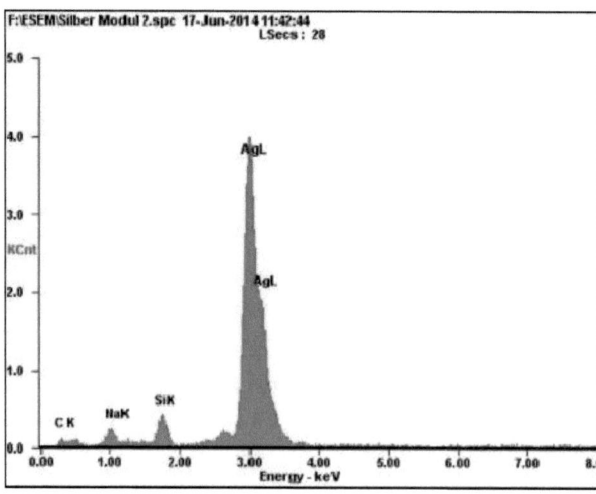

Abbildung 18: Linienspektrum Kontaktfinger Modul 2

Quelle: ESEM-Analyse

Die Sammelschienen und Kontaktpads bestehen im Falle der beiden untersuchten Module vorrangig aus Zinn, Blei und Kupfer. Dies bestätigt die Verwendung von Metalllot als Legierung. Silber kann lediglich in extrem kleinen Mengen nachgewiesen werden. Bei Modul 1 befinden sich auf der Vorderseite einer Zelle 70 Kontaktfinger. Das Modul 2 hingegen besitzt 46 Kontaktfinger auf jeder Zelle. Wie bereits in Kapitel 4.1 beschrieben, sind die Kontaktfinger circa **100 µm** breit und erstrecken sich beinahe über die gesamte Zelllänge (Annahme: **15,4 cm** Länge Modul 1, **12,4 cm** Länge Modul 2). Die Fläche eines Kontaktfingers ergibt sich aus der Multiplikation von Länge und Breite und ist in der folgenden Tabelle 24 dargestellt:

Tabelle 24: Fläche Kontaktfinger

Fläche Kontaktfinger

Modul 1	15,4 cm x 1,0 x 10^{-2} cm = **15,4 x 10^{-2} cm^2** → 15,4 x 10^{-2} cm^2 x 70 = **10,78 cm^2**
Modul 2	12,4 cm x 1,0 x 10^{-2} cm = **12,4 x 10^{-2} cm^2** → 12,4 x 10^{-2} cm^2 x 46 = **5,70 cm^2**

Quelle: Eigene Berechnung

Für die 70 Kontaktfinger einer Zelle von Modul 1 ergibt sich somit eine Gesamtfläche von **10,78 cm^2**. Die 44 Kontaktfinger einer Zelle von Modul 2 stellen eine Fläche von **5,70 cm^2** dar. Die Messgenauigkeit für die Länge der Kontaktfinger liegt bei circa 0,1 cm.

In einem nächsten Schritt galt es, das Volumen der Metallisierung mit Silberanteil zu bestimmen. Für die Stärke der Kontaktfinger wird nach Kapitel 4.1 ein Wert von 20 µm angenommen. Die entsprechenden Volumina ergeben die folgenden Werte (siehe Tabelle 25):

Tabelle 25: Volumen Kontaktfinger

Volumen Kontaktfinger

Modul 1	10,78 cm^2 x 2,0 x 10^{-3} cm = **2,156 x 10^{-2} cm^3**
Modul 2	5,70 cm^2 x 2,0 x 10^{-3} cm = **1,140 x 10^{-2} cm^3**

Quelle: Eigene Berechnung

Die Silberpartikel in der für die Metallisierung verwendeten Silberpaste haben nach der ESEM-Analyse einen Anteil von circa 88-92 %. Für das Volumen des reinen Silbers ergibt sich somit ein Wert zwischen 1,897 x 10^{-2}-1,984 x 10^{-2} cm^3 für Modul 1 sowie ein Wert zwischen 1,003 x 10^{-2}-1,048 x 10^{-2} cm^3 Für Modul 2. Für Modul 1 ergibt sich somit ein Mittelwert von **1,941 x 10^{-2} cm^3**. Für Modul 2 ergibt sich ein Mittelwert von **1,026 x 10^{-2} cm^3**. Da die Dichte von Silber nicht empirisch bestimmt werden konnte, wird nun mit Hilfe des Literaturwerts von $10{,}49\ \frac{g}{cm^3}$ (Greenwood & Earnshaw, 1988, S. 1509) auf die entsprechenden Materialmengen geschlossen. Dies ist in Tabelle 26 aufgezeigt:

Tabelle 26: Gewicht Silber pro Modul

	Gewicht Silber
Modul 1	$m = \rho \times V = 10{,}49\ \frac{g}{cm^3} \times 1{,}941 \times 10^{-2}\ cm^3 = 0{,}2036\ g = 2{,}036 \times 10^{-4}\ kg$
Modul 2	$m = \rho \times V = 10{,}49\ \frac{g}{cm^3} \times 1{,}026 \times 10^{-2}\ cm^3 = 0{,}1076\ g = 1{,}076 \times 10^{-4}\ kg$

Quelle: Eigene Berechnung

Für die Kontaktfinger der Zellen von Modul 1 sind circa **$2{,}036 \times 10^{-4}$ kg** reines Silber verwendet worden. Die Kontaktfinger der Zellen von Modul 2 enthalten circa **$1{,}076 \times 10^{-4}$ kg** reines Silber. In einem letzten Schritt wurde der Anteil des Silbers am Gesamtgewicht sowie die Materialmenge in der Einheit $\frac{kg}{kWp}$ berechnet und in Tabelle 27 dargestellt:

Tabelle 27: Bestimmung des prozentualen Gewichtanteils sowie der Materialmenge von Silber

	Anteil Modulgewicht [%]	**Materialmenge $[\frac{kg}{kWp}]$**
Modul 1	$\frac{0{,}0002036\ kg}{17{,}10\ kg} = 1{,}19 \times 10^{-5} = 0{,}0012\ \%$	$\frac{0{,}0002036\ kg}{0{,}195\ kWp} = \textbf{1,0} \times \textbf{10}^{-3}\ \frac{kg}{kWp}$
Modul 2	$\frac{0{,}0001076\ kg}{18{,}20\ kg} = 0{,}59 \times 10^{-5} = 0{,}00059\ \%$	$\frac{0{,}0001076\ kg}{0{,}175\ kWp} = \textbf{0,6} \times \textbf{10}^{-3}\ \frac{kg}{kWp}$

Quelle: Eigene Berechnung

Die Werte **$1{,}0 \times 10^{-3}\ \frac{kg}{kWp}$** für Modul 1 sowie **$0{,}6 \times 10^{-3}\ \frac{kg}{kWp}$** für Modul 2 gelten lediglich für die Kontaktfinger und können somit nicht mit den Werten aus 4.1 unter der Annahme einer kompletten Metallisierung mit Silber verglichen werden. Für die Jahre 2002 und 2009 kann die Tabelle im Anhang 6 und 7 zwar um Silber erweitert werden, jedoch fallen die empirisch bestimmten Materialmengen deutlich geringer aus. Abschließend sind in Tabelle 28 die empirisch bestimmen Materialmengen zusammengefasst.

	Materialmenge $[\frac{kg}{kWp}]$ Modul 1	Materialmenge $[\frac{kg}{kWp}]$ Modul 2
	2009	2002
Glas	$62{,}41\,\frac{kg}{kWp}$	$81{,}26\,\frac{kg}{kWp}$
Aluminiumrahmen	$11{,}28\,\frac{kg}{kWp}$	$14{,}29\,\frac{kg}{kWp}$
Silizium	$2{,}05\,\frac{kg}{kWp}$	$2{,}95\,\frac{kg}{kWp}$
Silber	$0{,}001\,\frac{kg}{kWp}$	$0{,}0006\,\frac{kg}{kWp}$

Quelle: Eigene Berechnung

4.3 Zusammenfassung

Die empirisch erhobenen Werte stimmen – bis auf Silber – in ihrer Größenordnung weitestgehend mit den Literaturwerten überein. Die in Kapitel 4.1 aufgeführte Abbildung 11 wurde im Folgenden um die empirisch bestimmten Materialmengen für Glas, Aluminiumrahmen und Silizium ergänzt:

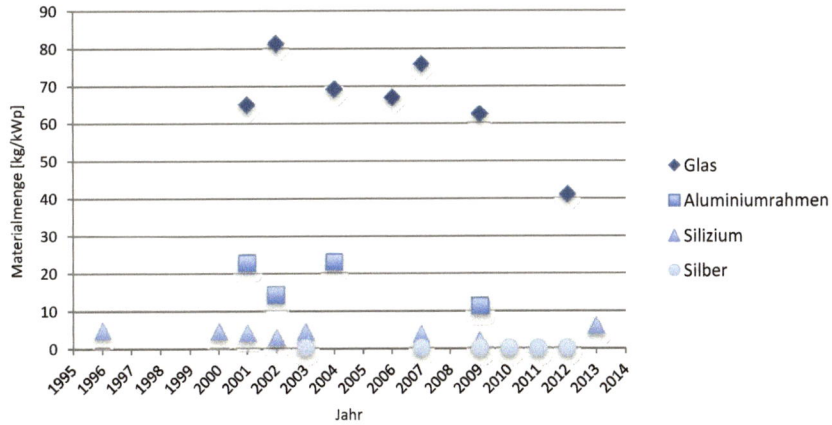

Abbildung 19: Materialmengen im Vergleich (Literatur + Empirie)

Quelle: Eigene Darstellung auf Basis der Tabellen 3-6 sowie der Tabelle 28

Etwaige Unterschiede sind in der Materialreduzierung im Laufe der Jahre sowie in den abweichenden Materialzusammensetzungen der verschiedenen Hersteller begründet. Die größte Auffälligkeit herrscht bei Silber vor. In der Literatur wird davon ausgegangen, dass sowohl die Kontaktfinger als auch die Sammelschienen und Kontaktpads auf Basis des Edelmetalls hergestellt werden. Allerdings konnte weder in Modul 1 noch in Modul 2 eine relevante Menge an Silber in den Sammelschienen und Kontaktpads nachgewiesen werden. Lediglich die Kontaktfinger bestehen eindeutig - mit Hilfe der ESEM-Analyse nachgewiesen - aus einer bedeutenden Menge an reinem Silber. Für eine einzige Zelle, beziehungsweise ein einziges Modul, mag diese Menge nicht sonderlich hoch erscheinen. Angesichts der enormen Anzahl an kumuliert installierter Leistung ergibt sich jedoch insgesamt eine gewaltige Menge an Silber, welche in den Modulen gebunden ist.

Weiterhin ist festzustelle, dass die empirischen Werte teilweise sogar in der Nähe der als unrealistisch bewerteten und rot markierten Literaturwerte liegen. Wie bereits einführend erklärt, können lediglich äußerst aufwendige Messverfahren eine präzise Aussage über die Materialzusammensetzung treffen. Die in dieser Arbeit bestimmen empirischen Werte erheben somit keinen Anspruche auf Vollständigkeit, befinden sich jedoch im Vergleich zu den Literaturwerten in einem angemessenem Rahmen.

5 Degradation kristalliner Photovoltaikmodule

Im Folgenden soll der Stand der Forschung bezüglich der Ursachen und Folgen der Degradation kristalliner Photovoltaikmodule während der Nutzungsphase näher erläutert werden. Im Anschluss daran werden die Implikationen für die Forschungsfrage aufgezeigt.

5.1 Stand der Forschung

Photovoltaikmodule besitzen kein exaktes Lebensende, sie erfahren lediglich eine konstante Leistungsminderung über die Phase ihre Nutzungsdauer hinweg (Dunlop et al., 2005, S. 1595). Somit ist auch die Definition einer Lebensdauer von Photovoltaikmodulen problematisch, da häufig kein katastrophaler Ausfall für das Lebensende verantwortlich ist, sondern vielmehr der angesprochene schleichende Leistungsverlust (Vázquez & Rey-Stolle, 2008, S. 422). Der Prozess der Degradation besteht zum einen aus einer relativ raschen Degradation von 1-3 % während des ersten Betriebsjahres und zum anderen aus einer geringeren jährlichen linearen Degradation von 0,5-1 % im Laufe der restlichen Betriebsdauer (ebd). Nach Dunlop et al. (2005, S. 1594) zeigen Module, die im Jahr 1991 installiert wurden, eine Degradation von 0,4 % pro Jahr beziehungsweise eine Degradation von 4,39 % über einen Zeitraum von elf Jahren.

Die Ursachen für eine langfristige Degradation können beispielsweise starke Verfärbungen, Ablösungen der Rückseitenfolie, Springen der Glasfront oder ein Betriebsausfall der Kontaktdose sein (Dunlop, 2003, S. 2928). Die Analyse der möglichen Ursachen der Degradation ist der Schlüssel für die Garantie einer hohen Lebensdauer der Module. Diese Analyse besteht zunächst aus einer Sichtprüfung. Dabei wird Ausschau gehalten nach gebrochenen Modulen, starken Verfärbungen von Glasfront oder EVA-Schicht sowie nach abgetrennten Kabeln oder einer fehlenden Kontaktdose (Granata et al., 2009, S. 3). Im Anschluss erfolgt eine Untersuchung mittels Infrarotkamera sowie die Auswertung der elektrischen Leistung (Sánchez-Friera et al., 2011, S. 658). Die Infrarotkamera soll dabei sogenannte Hotspots, also Bereiche mit Hitzestau, sowie Kurzschlüsse oder eine Erwärmung der Kontaktdose aufdecken (Granata et al., 2009, S. 4). Bei der Auswertung der elektrischen Leistung wird für jedes Modul die sogenannte Leerlaufspannung gemessen und untersucht (ebd). Die am häufigsten auftretenden Defekte sind die Verwitterung der Glasfront, die Ablösung der EVA-Schicht und die Oxidation der Antireflexionsschicht sowie der Zellmetallisierung (Sánchez-Friera et al., 2011, S. 658). Ein Hotspot führt häufig zu einer Bruchstelle in der Zelle sowie der Rückseitenfolie. Gründe für die Entstehung eines Hotspots können unter anderem in der Verschattung oder Verschmutzung der Solarzellen liegen (ebd, S. 661). Nach Sánchez-Friera et al. (ebd, S. 665) ist der Einfluss eines Hotspots auf die Leistung eines Moduls allerdings nicht maßgeblich. Während der Zerlegung von Modul 2 sind bei der optischen Sichtung der Zellen zwei Hotspots aufgefallen. Diese sind in der folgenden Abbildung 20 dargestellt:

Abbildung 20: Hotspots (Modul 2)

Quelle: Eigene Fotografie

Äußerst relevant hinsichtlich der Degradation sind allerdings der Verlust der Haftfestigkeit der EVA-Schicht sowie die Oxidation der Antireflexionsschicht (ebd). Einfluss auf die Degradation besitzen zudem die mögliche Korrosion der Kontaktfinger, die Blasenbildung im EVA-Material, die Degradation der Metallisierung der Zellrückseite sowie die Korrosion des Rahmens und Verbrennungen der Rückseitenfolie (Hacke et al., 2010, S. 3).

Auch wenn einige der potenziell auftretenden Defekte den Anschein haben, dramatische Auswirkungen auf die Lebensdauer der Module zu verursachen, so vermindern sie in den meisten Fällen lediglich deren Leistung. Es kommt also zu einer Degradation und nicht zu einem Ausfall. Das System arbeitet dabei mit einer reduzierten Leistung weiter (Dunlop, 2003, S. 2928).

Nach Granata et al. (2009, S. 1) wurde in den letzten zehn Jahren für kristalline Module von einer Degradationsrate von unter 1 % pro Jahr berichtet. Dabei gibt es keinen maßgeblichen Unterschied zwischen monokristallinen und multikristallinen Zellen (Skoczek et al., 2008, S. 238). Die Hersteller der Photovoltaikmodule garantieren üblicherweise, dass nach den ersten zehn bis zwölf Jahren die Leistung mindestens noch 90 % der ursprünglichen Leistung beträgt sowie dass nach 20-25 Jahren Nutzungsdauer die Leistung mindestens noch 80 % der Ausgangsleistung beträgt (Vázquez & Rey-Stolle, 2008, S. 420). Generell werden Leistungsgarantien von 20 und mehr Jahren zugesichert (Collin et al., 2009, S. 1).

5.2 Implikationen für die Forschungsfrage

Der Zusammenhang zwischen der Untersuchung der Materialzusammensetzung und der Degradation kristalliner Photovoltaikmodule liegt im Hinblick auf eine effiziente Kreislaufwirtschaft in der Modellierung der Standortplanung für die Sortier- und Aufbereitungsanlagen, die für das Recycling der Module benötigt werden. Ist bekannt, wann und wie viel an welchen Orten zum Recycling anfallen wird, lässt sich sowohl der Standort als auch die Kapazität des Standorts detaillierter planen (Dirr et al., 2014, S. 186). Die Frage nach dem konkreten Lebensende der Module kann allerdings nicht eindeutig beantwortet werden. Im CLSC-Modell hängt sowohl die Menge als auch der Zeitpunkt der Rückflüsse vom Verbraucher ab und ist somit eine stochastische Größe (ebd, S. 185). Die Wahrscheinlichkeit der Lebensdauer kann nach Kinsey (2013) mit Hilfe der sogenannten Badewannen-Kurve (siehe Abbildung 21) dargestellt werden. Es wird dabei berücksichtig, dass die Module nicht alle zur selben Zeit ihr Lebensende erreichen, sondern einige auch schon früher ausfallen („Infant Mortality") und andere wesentlich länger in Verwendung sind („Wear-Out").

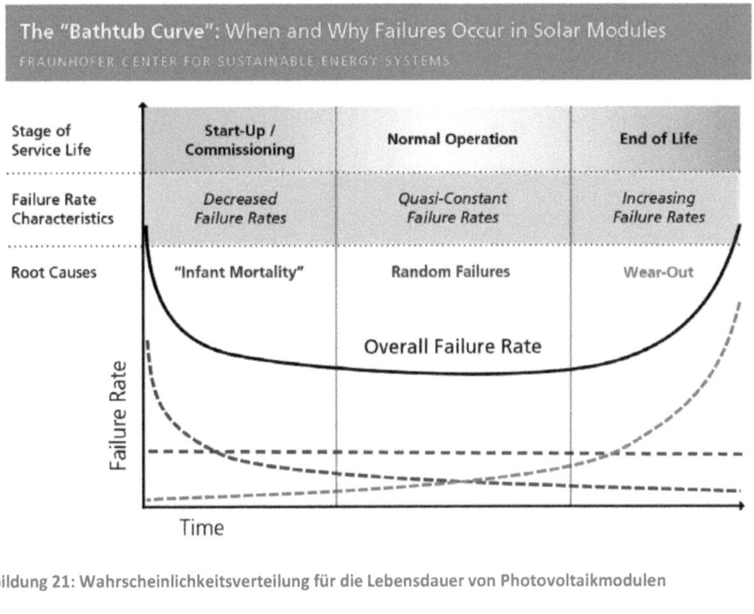

Abbildung 21: Wahrscheinlichkeitsverteilung für die Lebensdauer von Photovoltaikmodulen

Quelle: *http://www.cleantechnotes.org/2013/02/22/fraunhofers-photovoltaic-durability-initiative-reducing-investment-risks/* [Stand: 23.07.14]

6 Recyclingpotenzial kristalliner Photovoltaikmodule

Im Folgenden sollen die theoretischen Recyclingmöglichkeiten für die Bestandteile kristalliner Photovoltaikmodule analysiert und näher beschrieben werden. Das Recycling im Rahmen der Kreislaufwirtschaft ist zum einen aufgrund des Unterschieds im Energieeinsatz zwischen Primär- und Sekundärproduktion notwendig, zum anderen ist es besonders im Rahmen einer nachhaltigen Ressourcennutzung unvermeidlich.

Zunächst ist dabei wissenswert, welche Phasen der Lebenszyklus eines Photovoltaikmoduls durchlebt und an welcher Stelle das Recycling in Frage kommt.

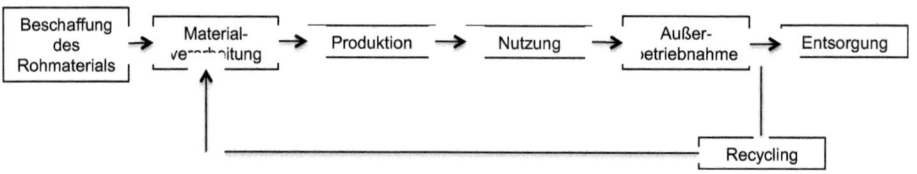

Abbildung 22: Lebenszyklus eines Photovoltaikmoduls

Quelle: Eigene Darstellung nach Fthenakis und Kim (2010, S. 1611)

In Abbildung 22 ist der Lebenszyklus eines Photovoltaikmoduls dargestellt. Dieser beinhaltet die Beschaffung und Verarbeitung des Rohmaterials, die Produktion der Module sowie deren Installation und Gebrauch. Außerdem beinhaltet der Lebenszyklus die Außerbetriebnahme sowie die Entsorgung beziehungsweise das Recycling der Photovoltaikmodule. Das Recycling setzt dabei zwischen Außerbetriebnahme und Entsorgung an und führt im Rahmen der Closed-Loop Supply Chain zurück zur Materialverarbeitung. Im Folgenden sollen zwei unterschiedliche theoretische Ansätze für ein Modulrecycling vorgestellt werden:

Nach Abbildung 23 umfasst der erste Schritt des Recyclings bei Radziemska et al. (2009a, S. 381) einen **thermischen Prozess**, der eine schnelle und ökonomisch effiziente Demontage der Module erlaubt. Dabei werden unter anderem die mit EVA-Material beschichteten Zellen freigelegt. Das entfernte Glas sowie die Metalle Aluminium und Kupfer können in einem separaten Prozess recycelt werden. In einem nächsten Schritt werden die Solarzellen einem **chemischen Prozess** unterzogen. Um das Silizium für die Sekundärproduktion neuer Solarzellen als Pulver oder als Wafer zurückzugewinnen, müssen zunächst die Metallisierung, die Antireflexionsschicht und der n-p Übergang entfernt werden (ebd, S. 382). Dies geschieht durch Auflösen in einer sauren oder basischen Lösung (ebd).

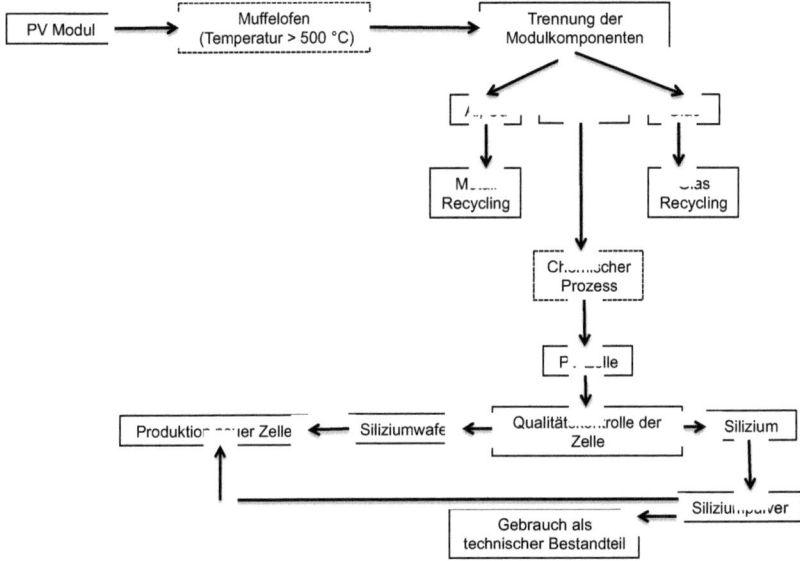

Abbildung 23: Recyclingprozess für Photovoltaikmodule (Radziemska et al.)

Quelle: Eigene Darstellung nach Radziemska et al. (2009a, S. 381)

Die Al-Metallisierung der Zellrückseite wird dabei mit Hilfe einer wässrigen Kaliumhydroxid (KOH)-Lösung entfernt. Die Ag-Metallisierung kann mit Hilfe von Salpetersäure (HNO_3) gelöst werden (ebd, S. 383). Bezüglich der Entfernung der Antireflexionsschicht sowie des n-p Übergangs kann eine der beiden Verbindungen $H_2SiF_6/HNO_3/CH_3COOH$ und $H_2SiF_6/HNO_3/H_2O$ verwendet werden (ebd, S. 384). In dem nach Radziemska et al. beschriebenen Ablauf liegt der Fokus vor allem auf der Wiedergewinnung von Silizium als Pulver oder als Wafer für die Sekundärproduktion von Solarzellen.

Bei dem Recyclingprozess nach Müller et al. (2007, S. 2) werden die Solarzellen ebenfalls durch einen **thermischen Prozess** vom Modul getrennt und im Anschluss mit Hilfe eines **chemischen Prozesses** von Metallisierung, Antireflexionsschicht und n-p Übergang isoliert. Hierbei liegt der Fokus allerdings nicht in der Rückgewinnung von Siliziumwafern oder Siliziumpulver, sondern allgemein in der Rückgewinnung von reinem Silizium als Rohstoff (Müller et al., 2007, S. 1). Das Ziel dieser Art von Recycling ist die Gewinnung von reinen Bruchstücken von Metall, Glas und Silizium (ebd, S. 2). In Abbildung 24 ist dieser Prozess grafisch dargestellt:

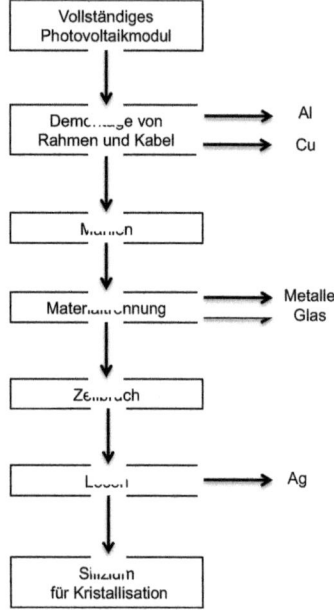

Abbildung 24: Recyclingprozess für Photovoltaikmodule (Müller et al.)

Quelle: Eigene Darstellung nach Müller et al. (2007, S. 2)

Die Metallisierung wird auch hier mit einer sauren Lösung von der Zelle getrennt. Nachdem die saure Lösung entwichen ist, kann das Silber ausgefällt werden. Es wird schlussendlich mit Hilfe von Elektrolyseprozessen als reines Silber zurückgewonnen (ebd). Nach Müller et al. ist die vorhandene Konzentration dabei ausreichend, um das reine Silber auf ökonomische Weise wiederzugewinnen.

Nach Müller et al. (2005, S. 3212) können mit Hilfe des Recyclingprozesses von Solarzellen zwei Drittel der für die Primärproduktion aufgewendeten Energie eingespart werden. Momentan betreiben lediglich zwei Firmen das Recycling von Photovoltaikmodulen im industriellen Maßstab (Klugmann-Radziemska, 2013, S. 93). Seit Juni 2003 betreibt die Deutsche Solar AG eine Wiederaufbereitungsanlage für kristalline Photovoltaikmodule mit dem Ziel der Rückgewinnung der Siliziumwafer (ebd). Die Firma First Solar hat als erste ein Rückführungs- und Recyclingprogramm implementiert. Dieses Programm bietet den Kunden von First Solar Modulen eine kostenlose Abholung sowie ein kostenloses Recycling ihrer beschädigten oder ausgedienten Module (ebd). Der Recyclingprozess von First Solar erzielt dabei bis zu 95 % des eingesetzten Halbleitermaterials für den Einsatz in neuen Modulen sowie circa 90 % des Glases für neue Glaserzeugnisse (First Solar, 2014).

Da die europäische Photovoltaikindustrie gegenwärtig versucht, eine effiziente Infrastruktur für das Recycling von Solarmodulen zu implementieren, kann diese momentan die Richtlinien der sogenannten „Waste Electircal and Electronic Equipment Directive" (WEEE) erfüllen und ist somit bisher auch von der EU-Richtlinie zur Beschränkung der Verwendung bestimmter gefährlicher Stoffe in Elektro- und Elektronikgeräten[1] ausgenommen (Choi & Fthenakis, 2013, S. 444). Dies gilt besonders für kristalline Solarmodule, da diese keine gefährlichen Stoffe wie beispielsweise Cadmium enthalten. Die Implementierung derartiger Recyclingstrategien erfordert die Modellierung eines rückwärtsgerichteten Logistikmodells, um die optimalen Standorte für die benötigten Wiederaufbereitungsanlagen zuteilen zu können (ebd).

Auch wenn in der Theorie bereits mögliche Recyclingprozesse bestehen und einige Hersteller das Modulrecycling bereits in geringem Umfang betreiben, fehlt aktuell noch eine überzeugende Infrastruktur für das Recycling (ebd, S. 448). Haupthindernisse hierfür können beispielsweise die geringe Konzentration der Materialien sowie das fehlende Know-how und die teilweise aufwendige Demontage der Module sein. Für die nahe Zukunft liegt in der Entwicklung effizienter Recyclingsysteme für Solarmodule somit ein großes Potenzial.

---

[1] englisch: „Restriction of Hazardous Substances Directive" (RoHS)

7 Schlussfolgerungen

Die Photovoltaik stellt einen wichtigen Bestandteil der nachhaltigen Energieversorgung dar und leistet einen großen Beitrag für die in Deutschland angestrebte Energiewende. Im Vergleich zur durchschnittlichen Stromerzeugung mit fossilen Energieträgern ist die Umweltwirkung der Stromerzeugung aus Photovoltaik um den Faktor 10 bis 20 geringer (Seitz et al., 2013, S. 2). Nach Fraunhofer ISE (2013, S. 5) konnte im Jahr 2012 die Emission von circa 15 Millionen Tonnen CO_2-Gas durch die Stromerzeugung mittels Photovoltaik vermieden werden.

Die Menge an kumuliert installierten Kapazitäten hat sich in den letzten Jahren stetig vermehrt. In den kristallinen Solarmodulen ist eine Vielzahl an Rohstoffen wie beispielsweise Glas, Metall (vorrangig Aluminium) oder das Halbleitermaterial Silizium verbaut. Zudem besteht die Metallisierung der Solarzellen häufig aus dem seltenen sowie hochwertigen Edelmetall Silber. In den letzten Jahren lag die Nachfrage nach Silber beispielsweise 20-30 % über der jährlichen Produktion des Edelmetalls (Grandell & Thorenz , 2014, S. 162). Aufgrund der langen Nutzungsphase von Photovoltaikmodulen sind die eingesetzten Rohstoffe zunächst für circa 25 Jahre und länger in den Modulen gebunden. Der Energieeinsatz für die Herstellung der Solarzellen und Solarmodulen darf ebenfalls nicht unterschätzt werden. Hinsichtlich der enormen Menge an installierten sowie neu produzierten Modulen ist die Entwicklung einer geeigneten Recyclingstrategie im Rahmen eines Closed-Loop Supply Chain Managements in den kommenden Jahren von großer Bedeutung. Nach Tuma und Lebreton (2005, S. 60) gestaltet sich die Struktur einer Closed-Loop Supply Chain wie folgt:

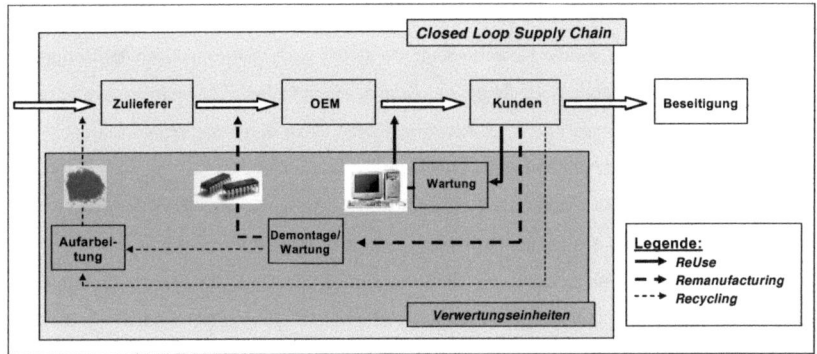

Abbildung 25: Closed-Loop Supply Chain

Quelle: Tuma und Lebreton (2005, S. 60)

Bei der Implementierung von Closed-Loop Supply Chain Strategien können grundsätzlich die drei Optionen ReUse, Remanufacturing sowie Recycling unterschieden werden. Diese setzten hinsichtlich ihrer Rückführung in den Kreislaufprozess an unterschiedlichen Stellen der Supply Chain ein. Um die Einführung eines überzeugenden Kreislaufwirtschaftssystems umsetzten zu können, müssen zunächst Ort, Zeitpunkt und Menge an installierten Photovoltaikmodulen bestimmt werden. Ist zudem die Materialzusammensetzung beziehungsweise der Rohstoffgehalt sowie eine Wahrscheinlichkeitsverteilung für die Lebensdauer der Solarmodule bekannt, so kann definiert werden, wann, wo und wie viele Rohstoffe in Zukunft zum Recycling bereitstehen werden (Dirr et al., 2014, S. 187). Mit Hilfe dieser Informationen kann die strategische Planung für eine kostenminimale Errichtung und Betreibung von Recyclinganlagen durchgeführt werden. Es gilt hierbei vor allem den Standort sowie die Kapazitäten und die zu verwendenden Technologien für das Recycling zu bestimmen (ebd, S. 185). Zudem müssen Entscheidungen hinsichtlich der Sammlung und Zwischenlagerung sowie des Transports zur betreffenden Recyclinganlage getroffen werden (Schlenker et al., 2009, S. 10). Für die Entwicklung einer geeigneten Recyclingstrategie entsteht somit ein hinsichtlich der Kosten zu minimierendes Optimierungsproblem.

Momentan beschränkt sich die Entsorgung von PV-Modulen auf fehlerhafte oder beispielsweise während des Transports beschädigte Module (Seitz et al., 2013, S. 14). Erst in den kommenden Jahren werden nach und nach größere Mengen an Altmodulen bereitstehen. Nach Schätzungen von Sander et al. (2007, S. 55) werden in Europa für das Jahr 2030 circa 45135 t an Abfall durch kristalline Photovoltaikmodule erwartet. Im Jahr 2010 lag die Menge noch bei 6219 t (ebd). Aus Umweltsicht erweist sich das Potenzial eines hochwertigen stofflichen Recyclings von Solarmodulen als bedeutsam (Seitz et al., 2013, S. 42). Allerdings kommt es bei der Umsetzung aktuell noch zu einigen Herausforderungen. Die größeren Rücklaufmengen an Altmodulen werden erst für die kommenden Jahre erwartet (ebd). Zudem ist die Implementierung einer Recyclingstruktur mit hohen Kosten verbunden, welche teilweise durch die aktuell noch relativ niedrigen Rohstoffpreise nicht zu legitimieren ist (ebd). Auch seitens der Gesetzgebung fehlen momentan weitere Anreize, da die von der WEEE vorgeschriebenen Recyclingquoten allein durch den hohen Glasanteil am Gesamtgewicht eines Solarmoduls bereits erfüllt werden können (ebd).

Zusammenfassend lässt sich sagen, dass die Einführung einer geeigneten Recyclingstrategie für Photovoltaikmodule aus ökologischer Sicht durchaus erstrebenswert wäre, allerdings gegenwärtig noch wirtschaftlich schwer zu realisieren ist. Für die nahe Zukunft ergibt sich somit ein großes Potenzial hinsichtlich der Implementierung eines effizienten Kreislaufwirtschaftssystems. Die Forschungsfrage dieser Arbeit kann - als Folge dessen - sowohl legitimiert als auch bekräftigt werden.

8 Ausblick

Die Planung einer geeigneten Recyclingstrategie für kristalline Photovoltaikmodule ist auch in einer langfristigen Betrachtung sinnvoll. Fthenakis (2009) und van der Have (2009), zitiert nach Choi und Fthenakis (2013, S. 443), prognostizieren einen weiteren jährlichen Zuwachs der Photovoltaik-Produktion von 15 % bis zum Jahr 2020. Im Laufe der nächsten Jahre kommen, beispielsweise im Rahmen der organischen Photovoltaik, neue Technologien auf den Markt, welche die kristalline Photovoltaik teilweise verdrängen werden. Allerdings hat die c-Si Technologie nach einer Prognose von Raugei et al. (2007, S. 17) im Jahr 2025 nach wie vor einen Marktanteil von 50 % sowie im Jahr 2050 immerhin noch einen Marktanteil von 35 %.

An der Universität Augsburg ist aktuell ein Projekt für das Recycling von Solarmodulen im Rahmen von KMU-innovativ[1] in Planung. Partner des Projektes sind Loser Chemie GmbH, die Fraunhofer-Projektgruppe IWKS, ICP-Jaissle sowie Frau Prof. Dr. Gesa Beck vom Lehrstuhl für Ressourcenstrategie. Um in Zukunft die Entstehung von Abfall im Rahmen einer nachhaltigen Kreislaufwirtschaft zu vermeiden und diesen zu recyceln, sind neben technischen Aspekten auch organisatorische, rechtliche, soziale und kulturelle Aspekte von Bedeutung (Gäth & Meißner, 2013, S. 122). An der Universität Augsburg wird gegenwärtig versucht, diese Teilbereiche für die Gestaltung eines Kreislaufwirtschaftssystems stärker zu vernetzen. *„Für Studenten verschiedener Disziplinen verbindet sich damit ein breites Entwicklungs- und Forschungspotenzial, das einen verstärkten Austausch zwischen Ingenieur-, Natur-, Umwelt-, Wirtschafts- und Sozialwissenschaften erfordert"* (ebd).

Für die Erkenntnisse über Ort und Menge an installierten Solarmodulen und somit auch über gebundene Rohstoffe und Materialmengen gibt es im Sinne eines sogenannten „Urban Mining"[2]-Konzepts eine weitere zukünftige Anwendungsmöglichkeit. Das Urban Mining kann einen wichtigen Beitrag zur Gewinnung von Sekundärrohstoffen leisten und steht für eine Vorgehensweise, welche versucht, die anthropogenen Rohstofflager wie beispielsweise Gebäude und Deponien langfristig gesehen für eine Rückgewinnung zu erschließen und die darin gebundenen Rohstoffe erneut zur Verfügung zu stellen (Gäth & Meißner, 2013, S. 118).

---

[1] KMU-innovativ ist ein Projekt des Bundesministeriums für Bildung und Forschung zur Unterstützung der Spitzenforschung kleiner und mittlerer Unternehmen (KMU) (Bundesministerium für Bildung und Forschung, 2014)
[2] Urban Mining: englisch für „Anthropogene Rohstofflager" (Gäth & Meißner, 2013, S. 118)

Es gibt jedoch auch die Möglichkeit der Entwicklung völlig neuer Nutzungskonzepte. Demnach stellen Pfand- oder Leasingsysteme einen interessanten Ansatz unter anderem auch für die Photovoltaik dar (Thorenz, 2013, S. 129). Diese Systeme bieten den monetären Anreiz beziehungsweise die Verpflichtung für den Endkunden, die Altmodule an den Hersteller zurückzugeben. Dieser hat nun die Möglichkeit, „[...] den Einsatz von Altkomponenten bzw. Altprodukten in die Produktions-, Aufbereitungs- und Wartungsprozess der Supply Chain einzuplanen bzw. diese zu adaptieren" (ebd).

Das langfristige Ziel im Rahmen der kristallinen Photovoltaik ist eine Ressourcenschonung durch die Gewinnung von Sekundärrohstoffen sowie die Steigerung der Recyclingraten durch die Etablierung verbesserter Recyclingnetzwerke. Dieser Aufgabenbereich ist Gegenstand sowohl aktueller als auch zukünftiger Forschung und im Sinne nachhaltigen Wirtschaftens von großer Relevanz.

Literaturverzeichnis

Ökopol. (2004). *Stoffbezogene Anforderungen an Photovoltaik-Produkte und deren Entsorgung.* Hamburg, Leipzig: o.V.

Agarwal, B. K. (1991). *X-ray spectroscopy* (Second Edition). Berlin: Springer.

Alsema, E. A., & de Wild-Scholten, M. J. (2005a). *Environmental impacts of crystalline silicon photovoltaic module production.* Boston.

Alsema, E. A., & de Wild-Scholten, M. J. (2005b). *Environmental life cycle inventory of crystalline silicon module production.* Boston.

Anctil, A., & Fthenakis, V. (2012). *Recyclability challenges in "abundant" material-based technologies* (S. 4352-4358). Frankfurt.

Bargel, H.-J., & Schulze, G. (Hrsg.). (2012). *Werkstoffkunde* (11., bearbeitete Auflage). Berlin: Springer.

Binnewies, M., Jäckel, M., Willner, H., & Rayner-Canham, G. (2011). *Allgemeine und Anorganische Chemie* (2. Auflage). Heidelberg: Spektrum Akademischer Verlag.

Blieske, U., & Stollwerck, G. (2013). Glass and other encapsulation materials. In G. Willeke, & E. Weber, *Semiconductors and Semimetals, Advances in Photovoltaics: Part 2* (Bd. 89, S. 199-258). o.O: Elsevier.

Bundesministerium für Bildung und Forschung. (2014). *KMU-innovativ.* Abgerufen am 1. August 2014 von http://www.bmbf.de/de/20635.php

Bundesministerium für Wirtschaft und Energie. (2014). Abgerufen am 16. Juli 2014 von http://www.bmwi.de/DE/Themen/Energie/Erneuerbare-Energien/eeg-reform.html

Bundesministerium für Wirtschaft und Energie. (2014). *Rohstoffe und Ressourcen.* Abgerufen am 23. Juni 2014 von http://www.bmwi.de/DE/Themen/Industrie/Rohstoffe-und-Ressourcen/entsorgungs-und-kreislaufwirtschaft.html

Bundesministerum für Umwelt, Naturschutz, Bau und Reaktorsicherheit. (23. 06 2003). Abgerufen am 12. 06 2014 von http://www.bmub.bund.de/presse/pressemitteilungen/pm/artikel/100000-daecher-solarstrom-programm-kurz-vor-dem-ziel/

Cardarelli, F. (2008). *Materials Handbook* (2nd Edition). London: Springer.

Che, Q., Yang, H., Lu, L., & Wang, Y. (2012). A new environmental friendly silver front contact paste for crystalline silicon solar cells. *Journal of Alloys and Compounds* (549), S. 221-225.

Choi, J.-K., & Fthenakis, V. (2013). Crystalline silicon photovoltaic recycling planning: macro and micro perspectives. *Journal of Cleaner Production* (66), S. 443-449.

Choi, J.-K., & Fthenakis, V. (2010a). Design and optimization of photovoltaics recycling infrastructure. *Environmental Science & Technology*, 44 (22), S. 8678-8683.

Choi, J.-K., & Fthenakis, V. (2010b). Economic feasibility of recycling photovoltaic modules. *Journal of Industrial Ecology , 14* (6), S. 947-964.

Collins, E., Dvorack, M., Mahn, J., Mundt, M., & Quintana, M. (2009). *Reliability and availability analysis of a fielded photovoltaic system.*

Dirr, M., Nebel, J., Sahamie, R., & Tuma, A. (2014). Ein quantitativer Erklärungsansatz für die zeitliche und geographische Entwicklung der Photovoltaik in Deutschland. *Zeitschrift für Umweltpolitik & Umweltrecht , S. 161-197.*

Dunlop, E. D. (2003). *Lifetime performance of crystalline silicon PV modules.* Osaka.

Dunlop, E. D., Halton, D., & Ossenbrink, H. A. (2005). *20 years of life and more: where is the end of life of a PV module?*

EPIA (Hrsg.). (2014). *Global Market Outlook for Photovoltaics 2014-2018.* o.O: o.V.

First Solar. (2014). *First Solar Recycling Services.* Abgerufen am 23. Juli 2014 von http://www.firstsolar.com/en/technologies-and-capabilities/recycling-services

Fraunhofer ISE. (2013). *Photovoltaics Report.* Freiburg.

Fraunhofer ISE. (2014). *STC-Messungen.* Abgerufen am 15. Juli 2014 von http://www.ise.fraunhofer.de/de/servicebereiche/callab/callab-pv-modules/stc-messungen

Fthenakis, V. M. (2000). End-of-life management and recycling of PV modules. *Energy Policy , 28,* S. 1051-1058.

Fthenakis, V., & Kim, H. (2010). Photovoltaics: Life-cycle analyses. *Solar Energy , 85,* S. 1609-1628.

Gäth, S., & Meißner, S. (2013). Ressourcenschonung durch innovative Recycling- und Kreislaufkonzepte. In A. Reller, L. Marschall, S. Meißner, & C. Schmidt, *Ressourcenstrategien. Eine Einführung in den nachhaltigen Umgang mit Rohstoffen* (S. 105-122). Darmstadt: WBG.

Glunz, S. W., Preu, R., & Biro, D. (2012). Crystalline silicon solar cells: state-of-the-art and future developments. In A. Sayigh, & W. G. van Sark (Hrsg.), *Comprehensive Renewable Energy* (S. 353-388). o.O: Elsevier.

Granata, J. E., Boyson, W. E., Kratochvil, J. A., & Quintana, M. A. (2009). *Long-term performance and reliability assessment of 8 PV arrays at Sandia National Laboratories.*

Grandell, L., & Thorenz , A. (2014). Silver supply risk analysis for the solar sector. *Renewable Energy* (69), S. 157-165.

Green, M. A. (22. Juli 2011). Ag requirements for silicon wafer-based solar cells. *Progress in Photovoltaics: Research and Applications , S. 911-916.*

Green, M. A. (2014). Developments in crystalline silicon solar cells. In G. Conibeer, & A. Willoughby (Hrsg.), *Solar Cell Materials: Developing Technologies* (S. 65-84). o.O: Wiley.

Green, M. A. (2012). Photovoltaic material resources. In G. Willeke, & E. Weber, *Semiconductors and Semimetals, Advances in Photovoltaics: Volume 1* (Bd. 87, S. 143-183). o.O: Elsevier.

Greenwood, N. N., & Earnshaw, A. (1988). *Chemie der Elemente* (1. Auflage). Weinheim: VCH Verlagsgesellschaft mbH.

Hacke, P., Terwilliger, K., Glick, S., Trudell, D., Bosco, N., Johnston, S., et al. (2010). *Test-to-failure of crystalline silicon modules*. National Renewable Energy Laboratory. Honolulu: o.V.

Hamann, L., Haas, M., Wille, W., Mattheis, J. & Zapf-Gottwick, R. (2013). 30 % silver reduction in rear bus bar metal paste. *Energy Procedia , 43, S. 72-79*.

Haynes, W. M. (Hrsg.). (2013). *CRC Handbook of Chemistry and Physics* (94th Edition). Boca Raton: CRC Press.

HypoVereinsbank. (2013). *Märkte & Kurse - Rohstoffe*. Abgerufen am 17. Juli 2014 von http://kurse.hypovereinsbank.de/hvb-markets/commodities/Overview.html?id=1288094

Ilschner, B., & Singer, R. F. (2010). *Werkstoffwissenschaften und Fertigungstechnik* (5., neu bearbeitete Auflage). Heidelberg: Springer.

ITRPV (Hrsg.). (2013). *Results 2012*. o.O: o.V.

ITRPV (Hrsg.). (2014): *2013 Results*. o.O: o.V.

Jungbluth, N., Stucki, M., & Frischknecht, R. (2009). Photovoltaics. In R. Dones (Hrsg.), *Sachbilanzen von Energiesystemen: Grundlagen für den ökologischen Vergleich von Energiesystemen und den Einbezug von Energiesystemen in Ökobilanzen für die Schweiz. ecoinvent report No. 6-XII*. Dübendorf, CH: Swiss Centre for Life Cycle Inventories.

Kazmerski, L. L. (2012). Solar photovoltaic technology: no longer an outlier. In A. Sayigh, & W. G. van Sark (Hrsg.), *Comprehensive Renewable Energy* (S. 13-30). o.O: Elsevier.

Kinsey, G. S. (2013). *Long-term durability and performance prediction of PV modules*. Fraunhofer CSE, Boston, USA.

Klugmann-Radziemska, E. (2013). Current trends in recycling of photovoltaic solar cells and modules waste. *Chemistry-Didactics-Ecology-Metrology , 17*, S. 89-95.

Klugmann-Radziemska, E., & Ostrowski, P. (2009). Chemical treatment of crystalline silicon solar cells as a method of recovering pure silicon from photovoltaic modules. *Renewable Energy , 35*, S. 1751-1759.

London, A. (2011). *Silver usage in the photovoltaik business - electrifying demand*. o.O.: Heraeus.

Müller, A., Röver, I., Wambach, K., & von Ramin-Marro, D. W. (2007). *Recovery of high value material of different photovoltaic technologies*. 22nd European Photovoltaic Solar Energy Conference, Milan, Italy.

Müller, A., Wambach, K., & Alsema, E. (2005). *Life cycle analysis of a solar module recycling process*. Barcelona, Spanien.

McDonald, N. C., & Pearce, J. M. (2010). Producer responsibility and recycling solar photovoltaic modules. *Energy Policy , S. 7041-7047*.

Nappi, C. (2013). *The global aluminium industry - 40 years from 1972*. World Aluminium.

Radziemska, E., Ostrowski, P., & Seramak, T. (2009a). Chemical treatment of crystalline silicon solar cells as a main stage of PV modules recycling. *Ecological Chemistry and Engineering , 16* (3), S. 379-387.

Radziemska, E., Seramak, T., & Ostrowski, P. (2009b). Pure silicon recovering from photovoltaic mdoules. *Advances in Material Science , 8*, S. 28-34.

Raugei, M., Frankl, P., Alsema, E., de Wild-Scholten, M., Fthenakis, V., & Kim, H. C. (2007). *Life cycle assessment of present and future photovoltaic systems.* Chiba, Japan.

Reller, A., Bublies, T., Staudinger, T., Oswald, I., Meißner, S., & Allen, M. (2009). The Mobile Phone: Powerful Communicator and Potential Metal Dissipator. *GAIA , 18* (2), S. 127-135.

Rockett, A. A. (2010). The futere of energy - Photovoltaics. *Current Opinion in Solid State and Materials Science ,* S. 117-122.

Sánchez-Friera, P., Piliougine, M., Peláez, J., Carretero, J., & de Cardona, M. (2011). Analysis of degradation mechanisms of crystalline silicon PV modules after 12 years of operation in Southern Euorpe. *Progress in Photovoltaics: Research and Applications* (19), S. 658-666.

Sander, K., Schilling, S., Wambach, K., Schlenker, S., Müller, A., Springer, J., et al. (2007). *Studie zur Entwicklung eines Rücknahme- und Verwertungssystems für Photovoltaische Produkte.* o.O: o.V.

Sauer, R. (2009). *Halbleiterphysik, Lehrbuch für Physiker und Ingenieure.* München: Oldenbourg Wissenschaftsverlag GmbH.

Schlenker, D., Konrad, B., von Ramin-Marro, D., Wambach, D., & Hartleitner, B. (2009). *Entwicklung eines nachhaltigen Kreislaufsystems für photovoltaische Produkte "SOMOZELL II".* o.O: o.V.

Seitz, M., Kroban, D., Pitschke, T., & Kreibe, D. (2013). *Ökoeffizienzanalyse von Photovoltaikmodulen.* bifa Umweltinstitut GmbH. Augsburg: o.V.

Shimadzu. (2014). *EDX Series - Shimadzu energy dispersive X-ray fluorescence spectrometer.*

Skoczek, A., Sample, T., & Dunlop, E. D. (2008). The results of performance measurements of field-aged crystalline silicon photovoltaic modules. *Progress in Photovoltaics: Research and Applications* (17), S. 227-240.

Tao, C. S., Jiang, J., & Tao, M. (2011). Natural resource limitations to terawatt-scale solar cells. *Solar Energy Materials & Solar Cells ,* S. 3176-3180.

The Silver Institute. (2012). *The outlook for silver industrial demand.* o.O: Thomson Reuters.

Thorenz, A. (2013). Ressourcenmanagement aus betriebswirtschaftlicher Sicht. In A. Reller, L. Marschall, S. Meißner, & C. Schmidt (Hrsg.), *Ressourcenstrategien. Eine Einführung in den nachhaltigen Umgang mit Ressourcen* (S. 123-131). Darmstadt: WBG.

Thuselt, F. (2005). *Physik der Halbleiterbauelemente, Einführendes Lehrbuch für Ingenieure und Physiker.* Berlin, Heidelberg: Spinger.

Tradium GmbH. (2012). *Technologiemetalle.* Abgerufen am 18. Juni 2014 von http://www.technologiemetalle.de/definition.html

Tuma, A., & Lebreton, B. (2005). Zur Bewertung und Umsetzung von Kreislaufwirtschaftsstrategien. In P. Fandel, & P. Reese (Hrsg.), *Zeitschrift für Betriebswirtschaft* , S. 59-77.

Vázquez, M., & Rey-Stolle, I. (2008). Photovoltaic module reliability model based an field degradation studies. *Progress in Photovoltaics: Research and Applications* (16), S. 419-433.

van Sark, W. G. (2012). Introduction to photovoltaic technology. In A. Sayigh, & W. G. van Sark (Hrsg.), *Comprehensive Renewable Energy* (S. 5-12). o.O: Elsevier.

vom Brocke, J., Simons, A., Niehaves, B., Riemer, K., Plattfaut, R., & Cleven, A. (2009). *Reconstructing the Giant: On the Importance of Rigour in Documenting the Literature Search Process.*

Wade, A. (2012). *18. Kolloquium Abfall & Altlasten aktuell: Recyclingpotentiale bei Photovoltaikanlagen.* First Solar. Dresden: o.V.

Wenger, J. E. (2013). *Gewinngestaltung bei Innovationswettbewerben.* Wiesbaden: Springer, Gabler.

Wirth, H. (2013). Crystalline silicon PV module technology. In G. Willeke, & E. Weber, *Semiconductors and Semimetals, Advances in Photovoltaics: Part 2* (Bd. 89, S. 135-197). o.O: Elsevier.

Zepf, V., Reller, A., Rennie, C., Ashfield, M., & Simmons, J. (2014). *Materials critical to the energy industry, An introduction* (2nd Edition). o.O: BP.

Zuser, A., & Rechberger, H. (2011). Considerations of resource availability in technology development strategies: the case study of photovoltaics. *Resources, Conservation and Recycling* (56), S. 56-65.

Anhang

Anhang 1: Literaturanalyse 1 (1998-2006)

	Mah (1998): Fundamentals of Photovoltaic Materials	Fthenakis (2000): End-of-life management and recycling of PV modules	McMahon et al. (2000): Module 30 Year Life: What does it mean and is it predictable/achievable?	Goetzberger et al. (2002): Solar cells: past, present, future	Wodtisch & Koch (2002): Solar grade silicon feedstock supply for PV industry	Ökopol (2004): Stoffbezogene Anforderungen an Photovoltaik-Produkte und deren Entsorgung	Alsema & de Wild-Scholten (2005a): Environmental impacts of crystalline silicon photovoltaic module production	Alsema & de Wild-Scholten (2005b): Environmental life cycle inventory of crystalline silicon photovoltaic module production	Dunlop et al. (2005): 20 years of life and more: where is the end of life of a PV module?	Müller et al. (2005): Life cycle analysis of a solar module recycling process	de Wild-Scholten et al. (2006): A cost and environmental impact comparison of grid-connected rooftop and ground-based PV systems	Heström & Palmblad (2006): Performance of old PV modules, Measurement of 25 years old crystalline silicone modules	Jäger-Waldau (2006): PV Status Report 2006, Research, Solar Cell Production and Market Implementation of Photovoltaics	Schlenker et al. (2006): The second life of a 300 kW PV generator manufactured with recycled wafers from the oldest german PV power plant
Wachstum Photovoltaik Branche						×								
Installierte Kapazitäten					×	×		×					×	
Marktanteil kristalliner Module					×			×					×	
Funktionsweise Photovoltaik	×			×										
Aufbau kristalliner Module	×					×	×	×			×			
Waferdicke	×						×	×						
Materialanteile kristalliner Module:														
Glas								×						
Aluminiumrahmen								×						
Silizium								×						
Silber								×						
Lebensdauer		×	×			×	×		×			×		
Degradation			×			×			×			×		
End-of-life			×						×					
Recycling:		×				×		×		×				
Glasfront								×		×				×
Aluminiumrahmen										×				
Silizium								×		×				
Silber										×				×

72

	Alsema & de Wild-Scholten (2007): Reduction of the environmental impacts in crystalline silicon module manufacturing	Müller et al. (2007): Recovery of high value material of different photovoltaic technologies	Raugei et al. (2007): Life cycle assessment of present and future photovoltaic systems	Sander et al. (2007): Studie zur Entwicklung eines Rücknahme- und Verwertungssystems für Photovoltaische Produkte	Fthenakis et al. (2008): Emissions from Photovoltaic Life Cycles	Müller et al. (2008): Recycling of silicon, environmental footprints and economics	Skoczek et al. (2008): The results of performance measurements of field-aged crystalline silicon photovoltaic modules	Vázquez & Rey-Stolle (2008): Photovoltaic module reliability model based on field degradation studies	Collins et al. (2009): Reliability and availability analysis of a fielded photovoltaic system	Granata et al. (2009): Long-term performance and reliability assessment of 8 PV arrays at Sandia National Laboratories	Jungbluth et al. (2009): Photovoltaics	Klugmann-Radziemska & Ostrowski (2009): Chemical treatment of crystalline silicon solar cells as a method of recovering pure silicon from photovoltaic modules	Radziemska et al. (2009a): Chemical treatment of crystalline silicon solar cells as a main stage of PV modules recycling	Radziemska et al. (2009b): Pure silicon recovering from photovoltaic modules	Schlenker et al. (2009): Entwicklung eines nachhaltigen Kreislaufsystems für photovoltaische Produkte "SOMOZELL II"	Wadia et al. (2009): Materials availability expands the opportunity for large-scale photovoltaics deployment
Wachstum Photovoltaik Branche			X	X							X					
Installierte Kapazitäten				X							X					
Marktanteil kristalliner Module		X	X	X							X					
Funktionsweise Photovoltaik			X													
Aufbau kristalliner Module				X	X				X		X	X	X	X		
Waferdicke				X							X	X	X	X		
Materialanteile kristalliner Module:	X	X		X							X					
Glas		X		X							X					
Aluminiumrahmen		X		X							X					
Silizium	X	X		X							X					
Silber		X		X							X					
Lebensdauer				X			X	X	X			X	X	X		X
Degradation							X	X	X	X						
End-of-life																
Recycling:	X	X		X		X						X	X	X	X	
Glasfront	X			X		X									X	
Aluminiumrahmen	X			X									X		X	
Silizium	X	X		X		X						X		X	X	
Silber	X	X				X						X		X	X	

73

Anhang 3: Literaturanalyse 3 (2010)

Spaltenlegende (Quellen):

- **A** — BINE (2010): Recycling von Photovoltaik-Modulen
- **B** — Choi & Fthenakis (2010a): Design and optimization of photovoltaics recycling infrastructure
- **C** — Choi & Fthenakis (2010b): Economic feasibility of recycling photovoltaic modules
- **D** — Collins et al. (2010): A reliability and availability sensitivity study of a large photovoltaic system
- **E** — Fthenakis & Kim (2010): Photovoltaics: Life-cycle analyses
- **F** — Hacke et al. (2010): Test-to-failure of crystalline silicon modules
- **G** — Jordan et al. (2010): Outdoor PV degradation comparison
- **H** — Kaplanis & Kaplani (2010): Energy performance and degradation over 20 years performance of BP c-Si modules
- **I** — McDonald & Pearce (2010): Producer responsibility and recycling solar photovoltaic modules
- **J** — Radziemska et al. (2010): Chemical, thermal and lase processes in recycling of photovoltaic silicon solar cells and modules
- **K** — Rockett (2010): The future of energy - Photovoltaics
- **L** — Wambach (2010): Recycling of PV modules

	A	B	C	D	E	F	G	H	I	J	K	L
Wachstum Photovoltaik Branche	×	×									×	
Installierte Kapazitäten	×	×	×						×		×	
Marktanteil kristalliner Module	×		×									
Funktionsweise Photovoltaik					×						×	
Aufbau kristalliner Module					×						×	
Waferdicke					×							
Materialanteile kristalliner Module:	×				×							
Glas	×				×							×
Aluminiumrahmen	×				×							×
Silizium	×				×							×
Silber	×											×
Lebensdauer	×	×		×					×	×		
Degradation				×		×	×	×				
End-of-life												
Recycling:	×	×							×			
Glasfront	×	×							×			×
Aluminiumrahmen	×											×
Silizium	×								×	×		×
Silber	×											×

Anhang 4: Literaturanalyse 4 (2011-2012)

Quelle	Wachstum Photovoltaik Branche	Installierte Kapazitäten	Marktanteil kristalliner Module	Funktionsweise Photovoltaik	Aufbau kristalliner Module	Waferdicke	Materialanteile kristalliner Module	Glas	Aluminiumrahmen	Silizium	Silber	Lebensdauer	Degradation	End-of-life	Recycling	Glasfront	Aluminiumrahmen	Silizium	Silber
Green (2011): Ag requirements for silicon wafer-based solar cells	×						×			×	×								
Landon (2011): Silver usage in the photovoltaic business - electrifying demand	×	×									×								
Linx-AEI Consulting (2011): Chemicals & Materials for Photovoltaic Cells and Modules									×	×									
Sánchez-Friera et al. (2011): Analysis of degradation mechanisms of crystalline silicon PV modules after 12 years of operation in Southern Europe													×	×					
Tao et al. (2011): Natural resource limitations to terawatt-scale solar cells					×		×			×	×								
Wawer (2011): Neueste technologische Entwicklungstrends und Marktpotentiale kristalliner Siliziumsolarzellen, Q.Cells			×	×	×	×													
Werner et al. (2011): Global cumulative installed photovoltaic capacity and respective international trade flows	×	×																	
Zuser & Rechberger (2011): Considerations of resource availability in technology development strategies: the case study of photovoltaics	×	×	×			×								×	×			×	×
Antil & Fthenakis (2012): Recyclability challenges in "abundant" material-based technologies	×						×	×		×	×		×	×	×		×		
Che et al. (2012): A new environmental friendly silver front contact paste for crystalline silicon solar cells										×	×								
European Association for the Recovery of Photovoltaic Modules (2012): Annual Report 2012	×													×					
Granata et al. (2012): Sandia's Photovoltaic Reliability and Performance Model												×							
Green (2012): Photovoltaic material resources	×	×			×														
Klugmann-Radziemska et al. (2012): Current trends in recycling of photovoltaic solar cells and modules waste		×	×								×			×	×	×		×	
Stuckl et al. (2012): Warum Solarstrom nicht klimaneutral aber trotzdem umweltfreundlich ist - aktuelle Ökobilanzen zu Fotovoltaik	×										×								
The Silver Institute (2012): The outlook for silver industrial demand			×				×			×									
van Sark & Saygili (2012): Comprehensive Renewable Energy	×	×	×		×	×	×	×	×	×	×								
Wade (2012): 18. Kolloquium Abfall & Altlasten aktuell: Recyclingpotentiale bei Photovoltaikanlagen	×		×		×		×	×	×	×	×			×	×	×	×	×	×

75

Anhang 5: Literaturanalyse 5 (2013-2014)

	Seitz et al. (2013): Ökoeffizienzanalyse von Photovoltaikmodulen, bifa Umweltinstitut GmbH	Bleske & Stollwerck (2013): Glass and other encapsulation materials	Choi & Fthenakis (2013): Crystalline silicon photovoltaic recycling planning: macro and micro perspectives	EPIA (2013): Global market outlook for photovoltaics 2013-2017	Fraunhofer ISE (2013): Photovoltaics report	Hamann et al. (2013): 30% silver reduction in rear bus bar metal paste	IEA-PVPS (2013): PVPS Report, A Shnapshot of Global PV 1992-2012	ITRPV (2013): Results 2012	Klugmann-Radziemska (2013): Current trends in recycling of photovoltaic solar cells and modules waste	Leyland (2013): The Silver Market in 2013	Tesmeltis (2013): Recycling - an important part of the aluminium story	Wirth (2013): Crystalline silicon PV module technology	EPIA (2014): Global market outlook for photovoltaics 2014-2018	Grandell & Thorenz (2014): Silver supply risk analysis for the solar sector	Green (2014): Developments in crystalline silicon solar cells	ITRPV (2014): 2013 Results	PV Cycle (2014): Operational Status Report, Europe	Wirth (2014): Aktuelle Fakten zur Photovoltaik in Deutschland, Fraunhofer ISE
Wachstum Photovoltaik Branche	×			×	×		×	×					×		×	×		×
Installierte Kapazitäten			×	×	×			×					×		×	×		
Marktanteil kristalliner Module			×	×									×		×			
Funktionsweise Photovoltaik															×			
Aufbau kristalliner Module	×				×							×			×			×
Waferdicke								×				×			×	×		
Materialanteile kristalliner Module:																		
Glas		×	×						×			×						
Aluminiumrahmen			×															
Silizium			×								×							
Silber						×		×	×	×				×		×		
Lebensdauer	×								×			×						
Degradation		×			×													
End-of-life	×								×								×	
Recycling:	×		×						×		×					×		
Glasfront	×		×						×		×					×		×
Aluminiumrahmen	×		×						×					×		×		×
Silizium	×		×						×							×		×
Silber									×					×		×		×

Anhang 6: Materialzusammensetzung 1 (1996-2004)

	1996	1997	1998	1999	2000	2001	2002	2003	2004

[4] Ökopol (2004): Stoffbezogene Anforderungen an Photovoltaik-Produkte und deren Entsorgung

Glas							64,96 kg/kWp [4]		69,09 kg/kWp [3]
Aluminiumrahmen							22,79 kg/kWp [4]		23,03 kg/kWp [3]
Silizium	ø 4,78 kg/kWp [13]				ø 4,61 kg/kWp [13]		4,14 kg/kWp [4]	ø 4,48 kg/kWp [13]	
Silber								0,15 kg/kWp [5]	
EVA							7,77 kg/kWp [4]		7,88 kg/kWp [3]
Rückseitenfolie							2,59 kg/kWp [4]		1,94 kg/kWp [3]

Anhang 7: Materialzusammensetzung 2 (2005-2014)

Referenzen:

[8] de Wild-Scholten, Alsema (2005a): Environmental impacts of crystalline silicon

[3] de Wild-Scholten, Alsema (2005b): Environmental life cycle inventory of crystalline

[5] Sander et al. (2007): Studie zur Entwicklung eines Rücknahme- und Verwertungssystems für Photovoltaik

[6] Müller et al. (2007): Recovery of high value material of different photovoltaic

[13] Jungbluth et al. (2009): Photovoltaics

[1] Fthenakis, Kim (2010): Photovoltaics Life-cycle analyses

[9] Green (2011): Ag requirements for silicon wafer-based solar cells

[10] Heraeus (2011): Silver Usage in the Photovoltaic Business

[7] Ancill, Fthenakis (2012): Recyclability challenges in "abundant" material-based

[14] The Silver Institute (2012): The Outlook for Silver Industrial Demand

[17] van Sark, Saylgh (2012): Comprehensive Renewable Energy

[2] Choi, Fthenakis (2013): Crystalline silicon photovoltaic recycling planning: macro and

[11] Hamann et al. (2013): 30% silver reduction in near bus bar metal paste

[12] International Technology Roadmap for Photovoltaic, Results 2012

[16] Fraunhofer ISE (2013): Photovoltaics report

[15] International Technology Roadmap for Photovoltaic, Results 2013

Material	2005	2006	2007	2008	2009	2010	2011	2012	2013	2014
Glas		ø 66,97 kg/kW [1]	75,87 kg/kWp [5]; 10,0 kg/m2 [6]			5,93 kg/Modul [2]		ø 41,1 kg/kW [7]		
Aluminiumrahmen	3,8 kg/Modul [8]		10,54 kg/kWp [5]; 1,39 kg/m2 [6]			3,8 kg/m2 [1]		2,6 kg/m2 [17]		
Silizium		ø 11,42 kg/kW [1]	3,56 kg/kWp [5]; 4,01 kg/kWp [13]; 0,47 kg/m2 [6]		16 kg/kWp [16]	0,26 kg/Modul [2]		ø 0,59 kg/kW [7]	6 kg/kWp [16]	
Silber			0,0041 - 0,0061 kg/kWp [5]; 0,12 kg/kW [14]		0,07-0,109 kg/kW [9]; 0,102 kg/kWp [10]	0,056 kg/kW [9]; 0,107 kg/kWp [10]		0,0002 kg/Zelle [12]; 0,07 - 0,08 kg/kW [14]	0,0002 kg/Zelle [11]; 0,00015 kg/Zelle [12]; 0,00014 kg/Zelle [15]	0,0001 kg/Zelle [15]
EVA		ø 7,36 kg/kW [1]	6,70 kg/kW [5]					ø 4,44 kg/kW [7]		
Rückseitenfolie			3,68 kg/kWp [5]							

Anhang 8: Ausschnitt Datenblatt Modul 1

Länge [x]	Breite [y]	Höhe [z]	Gewicht	Anschluss-dose	Steckver-bindertyp	Kabel [l]
1343,0	988,0	40,0	16	Tyco	Tyco Solarlok	2 x 1000

x, y, l in mm, ±2; z in mm, ±0,3; Gewicht in kg ±0,5

Länge: 134,2 cm, Breite: 98,8 cm, Höhe: 4,0 cm, Gewicht: 17,1 kg

Kristallines Solarmodul	
Leistungsklassen	185 Wp, 190 Wp, 195 Wp, 200 Wp
Leistungssortierung	–0/+4,99 Wp
Aufbau	Glas-Folie-Laminat ▸ Eloxierter Aluminiumrahmen ▸ Anschlussdose (IP 65) mit 3 Bypass-Dioden ▸ Witterungsbeständige Rückseitenfolie (weiß)
Zellen	48 Stück monokristalline Solarzellen im Format 156 mm x 156 mm
Mechanische Belastbarkeit	5400 Pa Auflast, 2400 Pa Soglast, gemäß IEC 61215 (erweiterter Test)

6 x 8 Zellen à 15,6 cm x 15,6 cm, Zelle innen: 13,4 cm

Anhang 9: Ausschnitt Datenblatt Modul 2

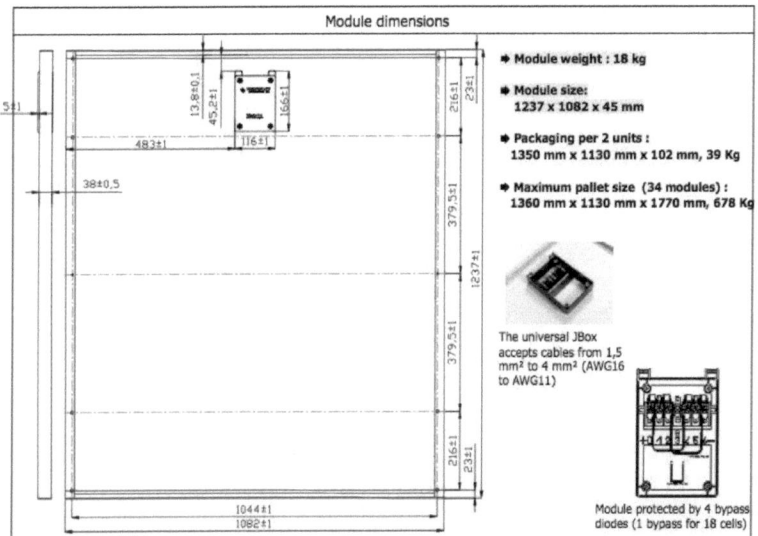

The PW1650 is made of 8 x 9 high efficiency (up to 15%) 5 inch polycrystalline silicon solar cells (125,50 mm X 125,50 mm), with a silicon nitride anti-reflective coating.

Anhang 10: Zerlegung Modul 1 (exemplarisch)

Modul 1

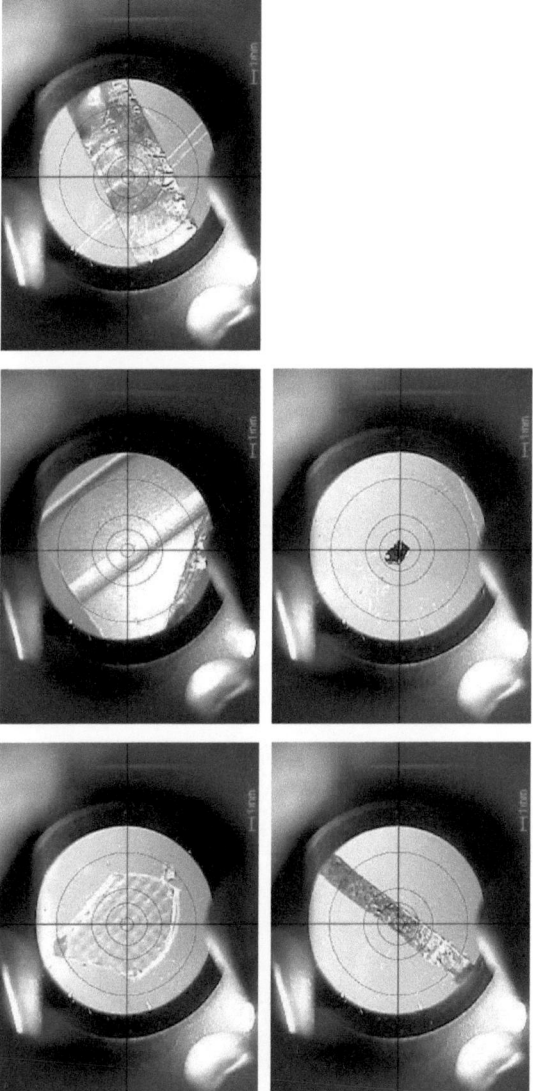

Modul 2

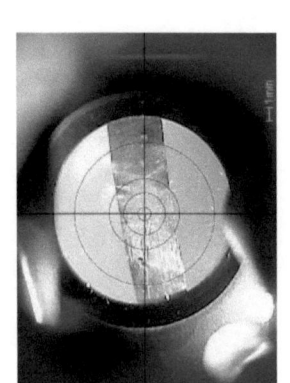

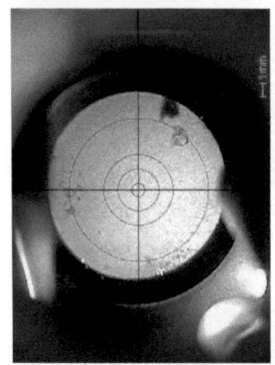

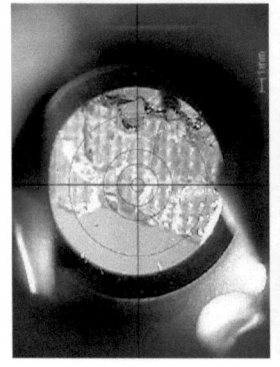

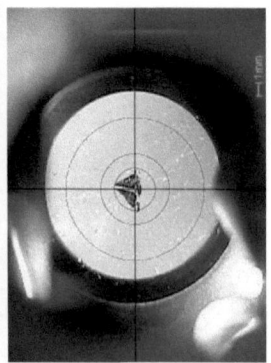

Anhang 12: Dichtebestimmung Glas

Berechnung	Modul 1	Modul 2
Dichte des Wassers, mit dem gearbeitet wird (100 ml Kolben):	$\rho = \dfrac{m}{V} = \dfrac{99,7344\ g}{100\ ml} = \mathbf{997,344\ \dfrac{kg}{m^3}}$	$\rho = \dfrac{m}{V} = \dfrac{99,2172\ g}{100\ ml} = \mathbf{992,172\ \dfrac{kg}{m^3}}$
Gewicht Glas:	1,6828 g	0,6087 g
Gewicht Wasser + Glas (25 ml Kolben):	25,9499 g	25,0702 g
Differenz = Gewicht Wasser:	$25,9499\ g - 1,6828\ g = \mathbf{24,2671\ g}$	$25,0702\ g - 0,6087\ g = \mathbf{24,4615\ g}$
Gewicht Wasser (25 ml Kolben):	24,9619 g	24,7233 g
Differenz = Gewicht des vom Glas verdrängten Wassers:	$24,9619\ g - 24,2671\ g = \mathbf{0,6948\ g}$	$24,7233\ g - 24,4615\ g = \mathbf{0,2618\ g}$
Volumen des verdrängten Wassers:	$V = \dfrac{m}{\rho} = \dfrac{0,0006948\ kg}{997,344\ \frac{kg}{m^3}} = \mathbf{6,967\times 10^{-7}\ m^3}$	$V = \dfrac{m}{\rho} = \dfrac{0,0002618\ kg}{992,172\ \frac{kg}{m^3}} = \mathbf{2,6386\times 10^{-7}\ m^3}$
Dichte des verdrängten Wassers = Dichte Glas	$\rho = \dfrac{m}{V} = \dfrac{1,6828\ g}{6,967\times 10^{-7}\ m^3} = \mathbf{2415,3868\ \dfrac{kg}{m^3}}$	$\rho = \dfrac{m}{V} = \dfrac{0,6087\ g}{2,6386\times 10^{-7}\ m^3} = \mathbf{2306,9052\ \dfrac{kg}{m^3}}$

Anhang 13: Berechnung der Zellflächen

Modul 1

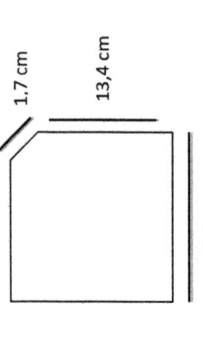

1,7 cm

13,4 cm

15,6 cm

Fläche Quader: 15,6 cm x 15,6 cm = 243,36 cm^2 = **0,024336 m^2**

Fläche Dreieck: 0,5 x 13,4 cm x 1,7 cm = 11,39 cm^2 = **0,001139 m^2**

Fläche Zelle: 0,024336 m^2 – 4 x (0,001139 m^2) = **0,01978 m^2**

Modul 2

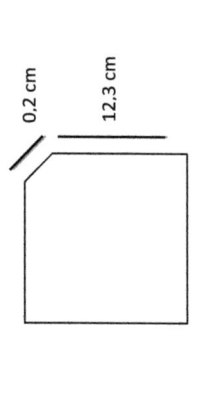

0.2 cm

12.3 cm

12.6 cm

Fläche Quader: 12,6 cm x 11,6 cm = 158,76 cm^2 = **0,015876 m^2**

Fläche Dreieck: 0,5 x 12,3 cm x 0,2 cm = 11,39 cm^2 = **0,000123 m^2**

Fläche Zelle: 0,015876 m^2 – 4 x (0,000123 m^2) = **0,015384 m^2**